嫌われる男こそ一流

里中　李生著
Rishou Satonaka

Forest
2545
Shinsyo

はじめに

あなたは「平凡な男」と言われたら怒るだろうか。

私は非常に平凡な少年だった。

成績は中の上。運動会では二位か三位。クラスの班長にはなれるが生徒会長にはなれない。私を好きだと言う女の子は、学校で一人か二人くらいで、モテモテにはならない。それに満足していたところがある。

そんなのんびりしていた私を襲ったのが、人種差別だった。

転校した中学校が朝鮮人を差別していた。そして、東京から大阪のその学校に転入した私も、「東京の奴」と罵《ののし》られ、差別された。何しろ教師もそうだったから、差別主義の学校だったと言える。

それまで、学校と道徳を信じていた私の心は破綻《はたん》したと言っても過言ではない。

この世に平等などない事を、差別主義の教師が教えてくれた。

しかし、少年だった私はなぜか冷静だった。


本当に軽蔑《けいべつ》されるべき人間とそうじゃない人間がいる。

平等は幻想。特に男女は違う生きもの。

時代は常に過ちを繰り返している。信じられるのはごく一部の人間だけ。


こう判断し、勉強を始めた。

勉強とは学校の勉強ではなく、世の中の道徳を疑う事だった。黒人差別を扱った映画をよく見たものだ。

それから、私は『天才』に近づいていった。もともと、凡人だったので天才にはなれないが、近づくことはできたものだ。友人から、「言葉の魔術師」と言われ、作家を目指して邁進《まいしん》した。

あなたはどうか。

男として人と違うことをするなら、常に時代に反抗していないといけないのだが、

「反抗」という言葉のイメージがとても少年っぽくて使えないのが厄介である。尾崎豊あたりのイメージになっている。

だが、行動を起こしてほしい。

今、あなたは平成という時代に縛られて、時代の言う通りに生きている。育児を習い、妻に給料を全額渡し、浮気はせず、反日マスコミの話を傾聴し、格差社会のせいにして、リストラに怯《おび》えながら成功も放棄して趣味に生きているだけだ。それはあなたが嫌われることを恐れ、媚びているからだ。女性か時代に媚びているのだ。

私のような学のない平凡な男が、才能を開花させたのは時代や世の中を疑ったからだ。そして実際に行動したのだ。

例えば、快楽という道徳に反発する言葉に、女たちはヒステリックになる。女だけではなく、男の自称「善い人」も怒りだすだろう。彼女ら、彼らは、趣味と保身のために生きている人間の形をした人形だ。退屈な生きものにすぎない。

私は違う。自由に、生き生きとして街を歩いている生粋の人間。

偽善者にはならない。しかし、殺人者でもなければ暴力主義者でもない。暴力的な男は先天的におかしいのであって、そうじゃないあなたは天才に近づけるのだ。才能開花というわけだ。ただ、何にも媚びないだけで、それが可能になる。

本書を読み終えたあなたは、凡人たちに嫌われる一流の男になれるのだ。

里中李生

嫌われる男こそ一流　目次

第2章 いますぐ「大衆」から抜け出せ！

第3章 お金に嫌われない一流の「考え方」

第4章 「我慢」して得られる成功などない

第5章　一度きりの人生、快楽的に生きてみないか

フォーマットデザイン　panix（中西啓一）
カバーデザイン　清水良洋（Malpu Design）
本文デザイン　二神さやか
DTP　高橋サトコ

第1章

女を「嫌う」と美女を引き寄せる

「難しい女が疲れる」と感じたら一流

私は女が嫌いである。

おっと、破滅願望も過ぎるので、「一部の」と言い直しておきたい。

私にも、石原さとみさんのような美女と寝たい夢がある。進んで嫌われるのもほどほどにしないといけない。

最近は男女対等を口やかましく言う醜い女が増えた。とても悲しい現状だ。しかも男よりも率先してセックスもするようになったくらい汚い。あるキャバクラに接待で行ったら、一九歳の女の子が処女をバカにしていた。そんな時代だ。

ところが普段は、「男女は平等だ」と言いながら、食事代は男に奢《おご》ってもらわないと、「ケチ」とはなんだろうか。女子社員に能力がないから出世できない場合でも「女性差別をしている会社」と怒る。矛盾、無理強いばかりでは、社会の迷惑としか言えない。

しかし、断っておくが、私は男も軽蔑しているということ。

凶悪犯罪者の大半が男であるように、男は凶暴で、異常者が女よりも多い。今の時代で言えば、仕事をする義務さえも拒否するニートが増え、彼らが黙っていれば飼い猫と同じ餌を与えていればいい問題だが、ネットに有名人の悪口を書き、悪徳な情報を流し、犯罪の温床にもなっている。

また、**女は、「抵抗する読み手」と言われていて、男性中心主義的なイデオロギーを読み飛ばそうとして理解をしようとはしない。**その文章が優れていればいるほど、本質を突いていて、それを女は嫌がる。なぜなら、知性より感情が勝っているから。知性とは自分が嫌がるもの、目を逸らしたい本質などを分析しようとするものなのだ。

冒頭の、「率先してセックスもする……」くらいで読むのを止めるのが女で、私が後の方で、「女性を愛している」と書いても、そこまでは辿りつかない。なので、「女性を愛している」と書くのはやめよう。

さて、この前置きに非常に満足してしまって、何を書くのか忘れてしまった。

そうそう。男女の本質から目を逸らして、男女対等を喚く女は頭が弱いのだが、女性の役割や『立ち位置』をきちんと分かっていて、女らしくのんきな女は非常に価値が高く、世の中の宝物という話だ。

今、発した、「のんき」という言葉にも穏やかに、「そうですよ」と笑う女だ。

その逆に、フェミニズムを語る女やインテリジェンスを気取っている女は、（当たり前だが）ひどく疲れる。「わたしは頭が良いのよ。男には負けないわ」と言うだろう。疲れないだろうか。

例えば、政治家の女に恋はするだろうか。それなりに綺麗な人もいるので、好きな男もいるかも知れないが、あんなに気が強くて、政治の話をしている女に恋はあまりしないと思う。

綺麗な女子アナや女子タレントでも、報道や時事問題のコメンテイターをやっていたら、なかなか結婚できない。反対に、トークが面白い大島優子や天然で有名な綾瀬はるかが好きな男は大勢いる。

なぜだろうか。

先ほど私は、「男は異常者が多い」と書いたが、ではそうじゃない数割の男たちは何者かと言うと、実は天才かそれに近い優秀な頭の良い男ばかりなのだ。本書の主題のひとつである、「あなたは天才に近いのだ」。

男は極端に二分されていて、「能力が普通」という男はほとんどいない。才気溢れる男か無能な男しかいない。また、殺人者だけが異常者ではなく、ネットで毎夜、有名人の悪口を書いている男たちも同類だ。

優秀な方の男たちは、自分が、「頭が良い」「天才かも知れない」「俺は仕事ができる」と自覚しているから、頭を使う仕事や研究に向かっていく。明らかに天才的に頭が良いのに、「肉体労働がしたい」という男はまずいない。

そのため、そんな優秀な男は、常に頭をフルに回転させていて、人によっては自分の仕事とは違う分野の問題も考えようとする。例えば、仕事では建築設計士のスペシャリストだとしよう。なのに、政治の問題や経済を勉強して、それを飲み屋で語ろうとするものだ。中には副業として、好きで二足の草鞋《わらじ》を履こうとする男も多くいる。

そのため、いくら頭が良くても、そんな男は疲労する。**天才と呼ばれた多くの男たちが早世しているように、頭が良いからといって脳を使いすぎると、代償として、病に陥ってしまうのだ。それを回避するために、優秀な男たちは、女で癒されたいと考えるものだ。**

その時に、選ぶ女は、哲学や政治を語る女では疲れるのだ。当たり前と言える。建築のすごい設計図を書いて、飲み屋では政治の話に没頭し、帰宅したら妻が、

「イスラム国の邦人人質事件は安倍が悪い」

という具合に、また政治の話をされたら、脳が一切休むことができず、疲れを取る時間がない。ちなみに安倍は悪くない。

したがって、優秀な男や、仕事を頑張って成功させている一流の男は、決まって、トークが面白い女の子や有村架純のような清純派、綾瀬はるかのような天然系の女の子と付き合おうとする。

極論的に言ってしまえば、知識が豊富で政治の話や経済の話に夢中になる女性が好きだったら、その男は無能。脳が疲れるほど、物事を考えていない証拠になる。

逆に、「こんな女と結婚したら、産まれてくる子供がバカになるんじゃないか」と苦笑してしまうような天然の女の子や、勉学とは無縁の笑顔のかわいい女の子と付き合いたくなったら、その男は頭が良くて、その優秀な頭脳を使って、いつも考え、行動しているということになる。

異論はあると思うが、政治や哲学を語り合うカップルも中にはいるだろう。稀な例に言及していたら、頁数がもたない。

私の知り合いに、まったく勉強ができなくて、高校受験で一番偏差値の低い学校を補欠で入った人生ギリギリの女の子がいるが、彼氏が慶応大学の男。その子の姉も天然系の面白い女性だが、彼氏が年収二〇〇〇万円の一流の男なのだ。

優秀な男は疲れる女は好まない。

私は慎重に回想し、私が抱いた女を頭の中で見た。

彼女たちは男を愛する女神だった。

誰もはっきりと言いたがらない男と女の決定的違い

私はまたこの話を蒸し返そうとしている。

何度、叩かれても、女性に嫌われてもこの話をしなくてはいけない。

それは女を愛しているからかも知れなくて、同時に、今から蒸し返すことを認めない女たちを嫌悪しているからだ。

女という生きものは、「自分を語れない」。

幼少期から少女期において、性的な面でのトラウマをほとんどの女が抱えているか

らだ。

トラウマというのは記憶から忘却したい過去であり、認められないものであり、滅多な事で告白できない辛い記憶である。告白するには、その男たちに牙をむくためにフェミニストになるか、トラウマを、「当たり前のこと」と認めてくれる男に出会うしかない。

例えば、少女期にルックスの悪さをクラスメイトに笑われて、スカートを捲《めく》られ、それを男子に見られて、ショックを受けていた少女は、もはや自分の自伝は時系列には絶対に書けず、男を心底信用できないまま結婚したり、「何も自分を語れない」という圧倒的な不利を抱えながら、生きていかないといけなく、それは、自分を奔放に語れる男と比べると、いろんな場面で致命的な能力の差になって顕れてしまうのだ。

「能力の差」という言葉の使い方に誤解を生むが、男は少年時代の嘘を吐かないのに、女は常に嘘を吐いたり、隠蔽《いんぺい》を繰り返していて、そのため、男性に対して大きな劣等感を抱えて、生きていかなければいけなくなっているのである。

劣等感がある相手を超えることはできない。

女の場合、それが男になってしまう。「能力の差」では誤解を生むから、「越えられない」」と言い替えよう。

男に対する劣等感は、多くの場面で、「ヒステリー」となって顕れてしまう。先に明言するが、ヒステリーは、能力を著しく低下させる『病気』だ。

あなたの会社で、怒鳴っている女子社員。化粧室で男子社員の悪口を言ってる女子社員。年下の男子社員を虐めているおばさん女子社員。朝から人の目もはばからずイライラしている女子社員。どの女も落ち着いている男子社員には敵わない。

女の子の場合、顔の善し悪しも、下着を見られるなどの「性的」な問題に加算されるから、リスクの高い少女時代を送っていると言ってもいいだろう。男子たちから、「ブス」と言われて虐められても、当然、トラウマになってしまう。

少年の方は性に関しては、少女とは逆に、大人の女に誘惑されれば喜ぶし、何かあった方が後の人生がイキイキする。

トラウマがあるとすれば、何もなかった童貞を続けている男の方で、だが、童貞だからと言って、男は「ヒステリー」にはならない。女を攻撃しないということだ（ネットの男たちは新しいタイプで美人女優を攻撃するが、ここでは割愛したい)。むしろ、何年経っても、童貞を捨てるために、女を愛しく追いかけたりして、それがテレビに出ているアイドルになる場合も多い。

◎女は、性的なトラウマがあると男を攻撃する。または、周囲にも八つ当たりをする。
◎男は、性的なトラウマはほとんどなく、あったとしても女を攻撃はしない。

それが男と女の能力の違いになって顕れてしまうというわけだ。

ただし、男の場合、生まれつき性に関して頭がおかしい宮崎勤のような人間がいるもので、その話も割愛させていただきたい。長くなってしまう。

トラウマは、それを言葉(文章)にできないことをもって、それがもっとも自分の重要なことなのだ。里中李生の場合、トラウマと言えば学歴のことになる、としてもいいが、別に社会制度の問題で気にもしていない。こうして成功していることで、回復もしているのだ。

しかし、女の少女期の性的な傷は回復しにくい。

女性が性的トラウマを克服するには

では、私の性的な経験はどうだったかと言うと、私は中学生の時に、大人の女に誘惑されたことがあり、だけど、それを気にしてないばかりか武勇伝として友達にもガールフレンドにも語っているのだ。

女たちは、当時中学生だった私の手を、混雑する電車内で引くと、おっぱいに押しつけ、スカートの中に誘うとパンティの中に強引に入れ、愛撫を強要した。それからホームに降りると駅のトイレに入り……。という具合に、私はとても楽しく、この話を書いている。男だからだ。

それが、女の子にはできない。「中学生の時に痴漢に遭い、駅のトイレでレイプされて……」なんて書けないのである。

書けない時点で、その女の子にとって、それが人生のもっとも重要な出来事で、そ

れを「当たり前のこと」としてくれる男に会わないかぎり、永久に、男に対する不信感と劣等感（男が憎いのに、男が社会で上にいるから）を持ったまま生きないといけなくなる。

無論、「それはひどいことをされたね。男は皆、強姦魔だよ」と、男が慰めたところで、男が偉そうにしている社会を見たら、なんの慰めにもならない。

それでは、その差をなくすにはどうすればいいのか。

それが、何度も蒸し返す話だということで、ようは、「女はセックスアピール」だと、それを認めるしかないのだ。女たちが。

少女にもそう教育して、「大人の男からスカートの中や足を見られるのは当たり前。女は足を見せてナンボなのよ」としないといけないのである。レイプはだめだが、「見られる」ことをあまりにも犯罪的な問題だと教え込むから、スカートを盗撮されたら、その女の子は大きな傷を受け、大人のヒステリー女が誕生してしまうのだ。

結局、女の敵は女だというパラドックスだ。

「男の人に足やパンツを見られるくらい当たり前なの。それでいいのよ。レイプだけに注意しなさい」と、母親、女性教師、大人たちが教えれば、少女たちは傷つかずに大人になれる。

なのに、「男たちは、あんたの足を見て、勃起している。スカートは盗撮されるから穿いてはいけない。男は視姦《しかん》しているんだ」と、大人の女たちが教え込むから、問題が山積みになってしまうのではないか。

男が見なければいいと言うが、女の子が行儀の悪い姿勢で座っていたら、条件反射で見てしまうもので、それを止めることはほぼ不可能に近い。

最後に、トラウマがあるのに、幸せになっている女たちはどうやって幸せになっているか。それを「当たり前のこと」と言ってくれる男や当たり前のようにやっている男と結婚しているのだ。その男たちは、「女はセックス」または「セックスアピール」だと思っていて、女の方も、それに喜んで同意しているのである。

「それでは、セックスができなくなった老後は、その女はどうすればいいのか」

若い女の子には、老後よりも、「今」が大事でしょうに。

そして、老後こそ、幸せを探す時間なのだ。

女に嫌われないと美人は獲得できない

「美人は萎縮するから、普通のルックスでいい」と言う男はとことん弱っている。

一流の男は成功を目指すものだ。それが曖昧《あいまい》な成功でもいいから、「楽しいこと」の頂点を見るために、向上し、追求し、笑う。**あなたは成功と快楽主義を軽蔑していると思うが、何も向上しない平凡主義の男に、リスペクトできる部分はない。**

美人を得るのが仮に恋愛の成功だとしたら、「ブス」と恋愛をすることは失敗、または妥協と言えるが、もちろん暴論である。私は「妥協こそ純愛」という本を書いたことがある。しかし、美人と結婚した男たちは成功したと、自慢しているではないか。目の前に成功を予感させる『チャンス』があったとして、それに対して萎縮、またはそれを敬遠する男は、頑丈で小さな橋を少しだけ渡って、隣の街に行く者。一方の一流の男と快楽主義者は、長い吊り橋を渡り、国境を越えようとする。

日本の男たちは今のままでは楽しくない人生を送ることになる。

楽しいと思うのは錯覚、または主観で、日本の男たちは本当に平凡なつまらない人生を送っているのだ。

しかし、仕事が平凡でも、美人を手に入れれば、生活は一変してバラ色になる。

美人の手の入れ方をお教えしよう。非常に簡単だ。

アンチフェミニストになり、女を批判する。

無論、正論を述べないといけない。

男性差別になっているレディースデイを叩く。夫をバカにした芸でテレビに出ている女タレントを軽蔑する。働く女、自立したがる女に憐憫《れんびん》の情を与える。ブスを嫌う。

価値のある女は、美人できちんと男をたてる人だと主張をするのだ。

視点を変えるとこういうことだ。あなたは不当な評価を受けている。美人たちからだ。だから、美人が近寄ってこない。

あなたは発信しないといけない。

「女は嫌いだ」と。

ある大きなジャンルや人気者たちのいる世界を指し、「嫌いだ」と言うと、その世界の稀少《きしょう》なものが、あなたに近寄ってくる。「女は嫌いだ」と言えば、女の世界から、稀少な女が近寄ってくる。それが美人だ。

美人で言及すると、彼女たちの敵は同性の女。つまり、彼女たちも、女が嫌いなのだ。女嫌い同士で話が合えば、当然あなたと仲良くなれる。

あなたがいろんなシーンで成功をしていくためには、少数派を狙《ねら》うのが一番なのだ。マクドナルドが趣味の男と友達にならず、高級中華が大好きな男と友達になれば、高級料理を食べるという成功に一歩近づく。

さて、先日ネットで、「美人とイケメンは三日で厭《あ》きる」というコラムを読んだ。

最後の締めくくりが、「それでもあなたは美人になりたいですか。イケメンになりたいですか」という暴言。書いているのは、言うまでもなく女で、女という生きものは、こんなにも同性の美人にコンプレックスがあり、醜い生きものなのだ。

軽蔑するに相応《ふさわ》しいのがまさにこんな女で、そんな価値のない頭の悪い女を軽蔑していれば、価値の高く、男をたて、そして美しい女があなたに恋をしてくれる。

もちろん女の悪口を言ってはいけない。社会的な問題点の批判をするのだ。

その上で、「ブスには興味がない」という顔をしておけば、美人はいっそう喜び、自分の価値をあなたに捧げようとする。

ただし、美人でも、男ではなくお金を欲している美人と、友達をブスだと言っている美人だけはやめておいた方がいいだろう。

私にもそんな女の経験があるが、よく見ると、中の上くらいで大した美人ではないし、頭の中はお金のことだけで、日に日に醜くなっていくものだ。

最後に美人の批判をしたが、ここまで読んだ女性はいないだろう。

女のコンプレックスとセックス

女は常に、男に対するコンプレックスと闘わないといけない宿命にある。

それを象徴するのが言語だ。

英語では、私を「I」と表現する。男も女も「I」だ。だから、いったいこの「I」は、男の「I」なのか、女の「I」なのか混乱し、アメリカの古典文学から、自伝や哲学などが男の世界だと解釈するにつれ、「I」は男なのだと思うようになると言う。

日本語では、男の言葉と女の言葉が存在する。幼少期に、はっきりと、「男の子は僕」「女の子は私」と使うように教えられるが、男性社会を意識するにつれ、または、男の方が腕力があることなどで傷ついた少女も、男の言葉を使うようになる。逆に、男たちは、女の言葉は使わない（オカマは除く）。

セックス産業が合法的に存在し、女たちがお金のために体を使っていることも、少女たちのコンプレックスになる。「買われるって。女は男のモノなの？」という感覚に陥るが、「そうではない」と納得させることも親はできない。

詳細を知ろうとする少女は少ないが、大金は美人に動き、セックスのプレイが激しくなるとまたお金が動く、ということを知ると、「女の価値は美とセックス」だと薄々感じてしまう。

ボーイフレンドにAVを見せてもらったら、レイプのようなものばかりで、顔には精液がいっぱいかけられて、失神や失禁していく女たちがそこに映される。

それらを経験し、少女は、男社会に頼る職に就くか、結婚を目指して美を磨き、セックスをする。幸いに、彼女たちが男に対するコンプレックスを拭《ぬぐ》いさったのは、自分の顔と体に価値があると悟ったからで、なんの劣等感もなく、人前に立つ仕事をやってのけるか、仕事そっちのけで、恋愛を謳歌《おうか》するものだ。

一方、「女はセックスと美」という男性社会に嫌悪感を持つ女の子には、フェミニズムが用意されていて、その思想に共感し、男社会に真っ向挑んでくる。

このように、女たちは常に男に対するコンプレックスと恐怖を抱えて生きている人が多いのだが、それを素直に、「男の社会だし、わたしは弱い。男の人に頼ります」と思う女は総じて、幸せな人生を歩むことができている。

中には、女の従順さを利用し、暴力的に女を支配しようとするひどい男で失敗する女の子もいるが、男社会に対する恐怖は、一度や二度の失敗では拭えず、また強い男を見つけてはセックスをして、女の言葉を使って生きていく。

一方、敢然と男社会に立ち向かう女は、常に、「男には……」という意識を持って行動しているため、まず男たちから敬遠されてしまう。セックスで、男からエクスタシーに導かれるのも抵抗があり、なかなか体が成熟しない。

しかも、少女の頃から否定している風俗やＡＶなど、男の楽しみも嫌悪しているから、男たちのふざけた猥褻《わいせつ》な会話にも食ってかかる。飲み会で風俗の話をしていたら、

「セクハラだ」と喚きだす女がそうだ。

男社会に挑んだら、勝ちきるしか彼女たちには何も残らない。

管理職にでもなれば、「男に勝った」と達成感で笑えるのかも知れないが、男と女には、本当は「勝ち負け」なんかない。男と女は、「愛し合う」「助け合う」ものだ。フェミニストの女たちは「恥」を知ってほしい。同じ人間であって、違う言語を持ち、脳も違う体の形も顔も違うからこそ、仲良くしないといけないのだ。共存である。

私の中では、男の一番の不幸は頭が悪いこと。女の一番の不幸は男に愛されないこと、となっている。

まず、親は、男に愛される女になるように娘を教育するべきだが、少女が、心底男を好きになるのも才能で、その心理はやはり、「王子様に守ってもらおう」という素直な気持ちなのだ。

あなたは、そんな女の子を選んで、懸命に守ってあげてほしい。

「愛し合うセックス」という幻想に縛られるな

私は悪ではない。快楽について語っているが、悪徳は語りたくない。

嫌われ役を買っているが、私にも好きな女がいる。それは先日会った美女だったり、女優だったり……。その女性が私の本を手に取って、「なんと汚い男か」と思ったら、私は悲しむだろう。

なのに私は言う。

「女とのセックスは遊び」

愛し合うセックスに縛られているあなたはＥＤ（勃起不全）になっている。愛し合っていると言えば綺麗に聞こえるが、現実のセックスはマニュアル本の手順に従っていたり、女に神経質に気を遣っている。

あなたは彼女が脱ぎ始めてもなかなか勃起せず、ようやく勃起しても挿入する時間になったら折れてしまう。なんとか挿入をして射精。そして彼女は妊娠した。そのセックスをフェミニストが歓喜で迎えてくれる。「ああ、一度も女を汚すことなく、妊娠させたのね。なんて素晴らしい男か」と。

勃起は悪。

あなたは今日もその文献を読んだはずだ。

痴漢の話、レイプの話、不倫の話、隠し子の話、淫行の話、韓国の去勢の話……。

毎日毎日、あなたは言われている。「勃起は悪だ」と。

一人の女を何時間も狂乱させるようなセックス。次から次へと女を変えていく猛々《たけだけ》しいセックス。

男、本来のその力強さはフェミニズムによって潰《つぶ》された。男は女に負けたのだ。あなたは気づいていない。政治的な力を持った鉛のような重々しい空気が、「勃起してはいけない」と圧力を与えていることを。

まるで、雷雨を溜め込んだどんよりとした真っ黒な雲。頭上から、あなたに迫ってきて、雷を落とす恐怖を与えている。セックスをしているあなたの部屋の天井に、その真っ黒な雲があるのだ。

「おまえは勃起してはいけない」

雑誌が、テレビが、新聞が、保守を敵視するマスコミの権力が、あなたに、「勃起してはいけない。女性は優しく、めでるように触るもの。決してレイプするように激しく抱いてはいけない。セックスは妊娠のため。すぐに射精をしたら、女体から離れて、彼女に衣服を着せなさい」と無言の圧力を与えている。性に目覚めた少年時代から、そう何者かに洗脳されてきた。だから、みなEDなのである。

男にとってセックスが不自由なのは、死に近づいた哀しみ。

その哀しみをフェミニストが嗤《わら》っている。笑いが止まらない、と政治家の女が酒を飲みながら言っているだろう。実際、最近の女政治家は国会そっちのけで飲みまくりだ。

彼氏を勃起させない彼女はフェミニストである。まちがいないだろう。

優しく愛撫することを強要し、射精の場所までも指示する。もはや、男は夫という名の下男。早くその醜悪な女から離れないといけない。快楽を知らないまま死にたいか。

セックスの快楽は、ペニスが勃起を続け、獰猛《どうもう》な太さ、硬さで、女の体を制圧すること。顔から順番にキスをしていくことではない。その猛々しいセックスに、女が同意をした時、男は自由を獲得し、人生は、勝利に向かって突き進んでいく。

あなたは勝ちたくないのか。巨悪なフェミニズムに。

「女の成功」とは何か

そして、女たちは間違っている。

女の成功は妊娠ではない。

一人の男にずっと抱かれ続けることだ。それが女の成功だ。

勃起しなくなった夫を見て、何も思わず、子育てをしている女は企んでいる。上手く生きる方法を。

社会の最悪は戦争、そしてフェミニズムである。やがて、男たちは女を妊娠すらさせられなくなり、先進国は苦悩することになるだろう。

冒頭、「悪徳は語りたくない」と私は怖気づいた。

大好きな女に嫌われることは、私にとって致命傷になる。だから、これから言うことは遺言と言える。

セックスは欲望のためのもの。ただ、本能をむき出しにすればよい。「きちんと愛さないといけない」と考えれば考えるほど、あなたは苦しくなる。

欲望をむき出しにするセックスを受ける女を探しなさい。その女は例外なく、美しい。欲望は悪徳ではない。女を汚すことは快楽で、**女が同意していれば**快楽も美しくなり、誰にも批判はされない。その彼女も大いに楽しむだろう。

だが、これを書いた私はまた批判される。女が同意していても。

弱った男を一人救い、私が弱っていく。私は孤独だ。

女を養うという男の生き方

男は、誰かを支配下に置くのが快楽だ。

どんな男たちかと言えば、多くの部下を持っている会社の偉い人やスポーツの監督と言えば分かると思う。自分よりも、若い人間や経験がなくて能力の劣っている人間、弱者を自分の支配下に置いて、世話をする。または教える。食べさせる。

それが男にとって、最高の形、目標とも言える。あなたはまだ若いから、それがどんなに楽しいか知らない。

社長や監督になれなくても、その楽しみは味わえる。

女を支配下に置くのも男にとって、言葉に言い表せないくらいの快楽。

支配下と言うと、女性側から、「女性をバカにしている」と苦情が来るが、言葉なんて言い方一つで印象が変わるもので、まあ、「養う」ということだ。

最近は、女性を養うことを苦痛に思ったり、女性を養う事は、最初から論外、という男が増えた。

「俺、結婚したら彼女に働いてほしいんだ。そういう時代だから」

「俺、働く女性が好きなんだ。頑張ってる女の子が好きだ」

頭が悪いのもここまで来ると憐憫を感じるが、そもそも、働いている女性がイコール、「頑張っている」というなら、主婦はサボっているという理屈になる。著しく、主婦をバカにしている。子供のいる主婦がどんなに自分の時間がないか知っているのだろうか。

あなたがもし、そういう今どきの男なら、本書を読んで改心してほしい。あなたの、「共働きをお願いします」に、ついてくる女は若くて、世の中の厳しさを知らないお嬢様くらいで、三〇歳にもなる女には通用しない甘えだ。

男と女の関係をはっきりさせる

さて、今からする話は、論点をずらしているのではない。

最初に言っておくが、私の言う、「女を養え」とは、結婚しろという意味ではない。全世界の男女が、結婚に執着したら、必ず孤独に死んでいく女が激増するだろう。**そもそも、結婚は「たったの二人」しか幸せにしない。あぶれた者はどうすればいいのか、誰も論じない。**

女というのは、様々な不利を持って、自然界に生まれてきた人間だ。

衣服を二重、三重に着ないと街すらも歩けなく、生理という体の具合が悪くなる一週間があり、「動物のメスとは違う。人間だ」という威張った道徳によって、男たちの共有物にもなれずに、（一人の男と）「愛し合え」「結婚しろ」という難題を突き付けられる人生を送っている。

なにが難題で不幸なのか、「愛し合え」「結婚しろ」という強制的な慣習によって、それができない女たちが、どれくらい泣いたか分かるだろうか。

あなたの近くにも、孤独な女性がいるはずだ。

なぜだか分かるだろうか。それは、「女は一人の男と愛し合いなさい」と、誰かが決めたからだ。暴挙と言える。

先ほども述べたように、ただでさえ不利が多いのに、とどめを刺したのが、「結婚しなさい」という慣習、制度だ。単純に考えても、女の方の人口が多かったら、あぶれる女が出てくる計算になってしまうが、それを問題視する国はない。孤独でいる女は、「勝手に孤独でいなさい。知らないよ」というのが、先進国の主張である。

しかし、女たちが自然界に帰すように、強いオス（男）たちとセックスをして、その男たちのある意味所有物となり、男が厭きれば、女は次の男に行くという具合に、順番に養われていけば、不利が多い女も、その間に男の金で貯蓄すれば老後まで安心して暮らせる。

例えば、結婚、離婚を繰り返している女。離婚の慰謝料で食っていけている。

今どきの男たちが言う、「女と一緒に働く」など、そこに希望すらない。支配も所有もない世界に、真の愛情すらない。

そこにあるのは、金銭の利害関係であり、打算であり、一方が働くのをやめれば、簡単に破滅する愛情（？）とも言える。特に、女が働くのをやめたら、女を支配する力もなければ、それに快楽も見出せずにいた男は、その女を嫌悪するだろう。

それを回避するためには、最初から、上下関係をはっきりさせる状態を作らないといけない。不利の多い女が男に隷従し、社会的に有利な男は仕事で稼いできて、女を養う。通貨制度が最強だという前提で、男が女を支配下に置く、という関係になる。

そんなに女が強い時代なら逆でもよい。弱い男も増えたので。

女を守るために男は強くなければならない

快楽の話なので名前を出すが、マルキ・ド・サドとは持論が異なる。

女を養い、明確な上下関係を築き、女の不利を補ってやるのが男の役割で、そんな

『強者』を探すためには、女は、「愛し合う」という難題は忘れて、一方的に愛すか、セックスを使って、男を取り込むか、どちらかを積極的に実践すればいいのである。

そのためには、女たちは、セックスが女の誇りと自負しなければならず、男たちは、不利のある女たちを、「養う」「守る」という気概を持たないといけない。

それがどれくらいの多くの女を救うことになるか、モラリストとフェミニストは語らないだろう。女はセックスアピールと教えなさい、という冒頭の話がこのことだ。

モラリストとフェミニストは孤独に死んでいく女たちを無視している。「女の味方」と言いながらだ。飯島愛や山口美江が孤独死しても、フェミニストたちは何も言わない。つねに「男が悪い」としか言わないのだ。

私は、「女の敵」と言われながら、孤独に死んでいく女を助けたいと思っている。

そのために本を書いて、稼いでいる。

女たちを助けるためには、男が強くならなければいけない。

例えるなら、野生のオスのように精力は強く、知らない土地でも迷わず歩けるくらいの頭脳があり、金を持ち、一見、あくどいが、決して暴君ではなく、女に優しい男である。

繰り返すが、「女は男と愛し合わなければいけない」という一方的な慣習によって、衣食住すらピンチになる女たちが後をたたない。

女たちが、一方的に強い男を愛し、その支配下に入り、男の快楽を満たしていれば、ずっと生きていける。

長くなったがこの話は、男は、財力で女を支配するのが快楽で、愛人のような女を持て、と言っていて、女は、その男の強さを信じて「愛人になれ」という意味だ。共有物というのは「愛人」という意味だ。近年は主婦も共働きも「限界」だから提案しているのだ。

愛人になっている女は、時には二人以上の男から、お金を受け取って、セックスをしているものだ。それが、「汚い」という話ならば、結婚せずに、セックスもしない女たちが、衣食住すらままならず、孤独に死んでいくことを無視することは、冷酷で残酷で非情と言っておきたい。

成功する男が選ぶ女とは

成功者の妻、または恋人はほとんどが美人である。

何をもって美人とするか。例えば、男が、「俺の彼女は美人だ」と言っても、それは著しく主観的で、半数は美人ではない。ここでは、街でナンパされることが多い女を美人としておく。

私は以前に、年収三〇〇〇万円以上とか、預金が一億円以上という男の妻や恋人と、よく話をした。先に言っておくが、年収三〇〇〇万円をバカにする男は、自分でそれだけ稼いでいるのでしょうね。今の不況の日本で、年収三〇〇〇万円は相当優秀な男で、一億円以上になると特殊な世界で仕事をしている男に限られてくる。

話を戻すと、男の方は起業しているか投資などでさらに資産を増やしている。または医者や弁護士などか。親の資産は持っていなく、自力で這い上がってきた男たちだ。

その男たちの女は、所作がきちんとしていて、男をたてる。理由は不明だが、言葉遣いはそんなに綺麗ではない女が多い。あまり、堅苦しい丁寧語は男が疲れるのだろうか。

私が居酒屋などに彼女たちと行くと、必ず、姿造りの刺身の腹の方を、私の方に向け直す。店側は、女性優位の時代で、刺身を盛った方を女性に向けて、テーブルに置くマニュアルになっている。（今どきの店が）男からは箸《はし》を伸ばさないと食べにくい。その魚を男の方に向け直すのが、成功者の恋人である。

私のガールフレンドたちも食事をすると、すべて男が食べやすいように皿を置き直すが、以前に、年収四〇〇〇万円の彼氏を持っていた釈由美子似の女性と食事をした時にもそれをやっていた。

また、男に対するサービス精神が高く、「ちょっと頼むよ」という無理なお願いも聞いてくれる。セックスに貪欲《どんよく》、熱心な女も多く、成功者の彼氏がセックスに強い、弱いにかかわらず、一生懸命奉仕をする。

もちろん、男を束縛しない。これは成功者の妻の一番の共通点だ。

仕事が遅くなることが連日続いたら、怒るのが庶民の妻。一方の成功者の妻はそれを「普通」だと思っていて、何も言わない。女遊びも同様で、妻の座さえ守れれば何も言わない。芸能界では、プライドの高い女優などを妻にするから、夫の方は浮気すらできないかもしれないが、一般人の成功者は面倒臭い女は選ばない。

美人は成功者のご褒美

成功者なのに、美人ではない女と結婚する場合、これも例外は少なく、成功する前からその女と恋仲だった場合である。だから、すべての成功者が美人と結婚しているわけではない。責任を取るのも成功者の性質である。

そう。あなたたちが思っているよりも成功者やお金持ちは人間的に優れた男が多く、成功していてストレスもないのに、妻をDVで苦しめているなんて、三流テレビドラマの世界でしかない。

無論、血眼になって探せば、妻を殴って離婚した成功者もいるだろうが、頻繁にニュースに出てくる暴力事件は貧乏人がやっているものだ。

話が二度ほど脱線したが、あなたが成功者になれば、美人でないとだめだ、と思うようになる。**成功するために、多くの敵を作り、また体にも負担をかけてきた。そのご褒美に、美人を手に入れたいと渇望する。**

人間はご褒美がないと、意欲を無くすものだ。私は銀座久兵衛、パークハイアット東京をよく利用するが、男たちは、美人を連れている。

本題は、美人ではない女性を差別した話ではない。

女も、ウーマンリブの時代から何十年も男をバカにし続けてきた。それを見てきた優秀な男たちは、美人で男をたてる女しか選ばない。女が、優秀な男と結婚できないのは、その女たちの自業自得で、誰かのせいではない。

第2章

いますぐ「大衆」から抜け出せ！

大衆が好むものを疑え

大衆というのは、深く考えないし、調べる（研究、勉強）こともしない。芸能人が離婚して女が泣いたら、「男が悪い」と、テレビで反論していない男を叩くものだ。

選挙で、無能な政治家ばかりが当選するのも、ちょっと古いが二〇〇九年、民主党が政権を取った衆議院選挙で、自民が大惨敗したのも、大衆が「バカ」を露呈した証拠と言える。たとえ、自民党が負けたとしても僅差《きんさ》くらいだったら、私は、「日本人も利口な人がいるんだな」と思ったが、あれでは、多勢に付和雷同する愚民しかいないとしか言えない。

大衆というのは、自分に都合の良い話を何も考えずに受け入れ、なんの疑問も持たずにマスメディアに持ち上げられた人には拍手喝采をし、同じくマスメディアに貶《おとし》められた人には罵声《ばせい》を浴びせる。小保方晴子がよい例だ。

なぜ、「自己」がないのか。あなたはどうか知らないが、あなたの親や友達が大衆志向である確率は高い。

他者と違う考え方を持つことは非常にリスキーだが、とても快楽的である。

私がそうだが、ずいぶんネットで叩かれていて、その中傷には殺意すらある。大衆と違う意見を持つことはとても危険なのだ。

しかし、大衆の意見、日常が間違っているという前提で言うなら、「それは違っている」とこちらが言うことは、少なくとも間違いではないか、大衆とこちらの両方が間違っているかという理屈になる。

大衆は何も考えていないという話で、私はファンクラブの中で、こんなことを言った。古い事例で申し訳ないが。

「ＡＫＢ48の篠田麻里子をなぜ、麻里子様と呼ぶのか。日本語の使い方が間違っているし、大人の男が年下の女の子を麻里子様なんて、いい加減にしなさい」

皆、びっくりしていたが、「様」は手紙に使う丁寧語。それからお客さんに言う言葉で、皇室の方々に使う言葉でもある。篠田麻里子という女の子がなぜ、麻里子様なのか私は知らない。ヨン様、エリカ様もなぜ、そんな呼ばれ方をするのか知らない。本気じゃないなら「麻里子サマ」となるはず。

快楽主義者は大衆を嫌う

私は自称快楽主義者だから、大衆とはまったく言動、行動が違うし、思考も違う。快楽主義者だからというわけではないが、滅多に人を認めない。大物などそんなに出てくるわけはなく、ベテランの芸人に天才と言われる人が多いが、彼らを天才と思ったことはない。人気が出れば出るほど、「マスコミの操作」と勘繰るし、たぶん、その通りだろう。

他にも、以前大ヒットしたテレビドラマ『JIN 仁』でも、「なぜ、あの主人公は誰に対しても敬語しか使わないのか」と、ひどく不自然さを感じた。

だけど、日本中が熱狂的に見ているということは、それを不快に思う人はいないのか、疑問に思う人もいないということになる。恐らく、江戸時代の人に平成の言葉を使うと、不審に思われるから敬語にした、という設定だろう。なるほど。

いわゆる、「目的の国」なるものの達成のための心理というのがあって、付和雷同が「正しい」と思うのが大衆の頭。自分は自国の成員になるための防衛本能が働くため、人気のある者（政治団体、人気有名人など）に逆らう事はしない。

目的の国とは自分が住みやすい国で、目的は、「安定」「平等」「平和」という事になる。

私は戦争は嫌いだが、安定にも平等にもあまり興味がない。

私は、大衆が大好きなものはすべて疑うし、完璧《かんぺき》に大好きになることはない。日本中の人たちが大好きで、私も大好きなものといえば、ビールしか思い浮かばない。妖怪ウォッチは面白いがね。

大衆志向を拒否すれば人生は変わる

さて、大衆の大好きなものを疑う方法が分からない人にアドバイスだが、「常識的な実践」を勧める。こんな言葉はないと思うが、分かりやすく、「大衆志向の実践」と言い替えたい。

篠田麻里子さんの例で言うなら、会社のちょっとかわいい女の子を、「○○様」と呼ぶように仕向けてみたらいいだろう。会社は大きな世界ではない。国レベルの大衆ではないから、必ず、どこかから、「なんであの子を○○様と呼ぶのか」という苦情が出てくる。その苦情が大半で、『正しい』というわけだ。

ある時代から、企業では女性社員に、お茶くみをやめさせた。そう、「女性差別」という事で。それに対して、どこの会社でも一部のOLが、「お茶くらい淹《い》れますよ。男性にお茶を淹れるのは好きだし、私たちよりも仕事をしている人もいるから」と言っていたが、その一部の意見がやはり正論なのだ。

正論なのに消えていく。正論なのに「間違いだ」と言われる。

正論をもみ消すのも、「間違いだ」と罵《ののし》るのも、頭の悪い、あなたの隣にいる「大衆」である。

繰り返すが、大衆は失笑してしまうくらい頭が悪い。愚民というくらいだ。

あなたがもし大衆志向だったら、その考えを一八〇度変えないと、一向に頭は良くならないし、人生がスリリングにもならない。

ここまで読んだだけで、私がとても性悪に見えただろう。

読者には嫌われたと思うが、実は私は多くの男女から「アドバイスしてほしい」と、日々頼まれている。

大衆志向を疑わず、本当のことに気づかない人には、誰もついてこない。

大衆志向の映画に騙されるな

ある映画は、清貧が素晴らしく、人情に溢《あふ》れ、そしてそれらが美しく、お金持ちは最悪で悪党という設定だった。その映画は2作目を作れるくらい大ヒットしたので、日本人は本当に現実から目を逸らして、ほっとするのが好きな愚民だなと分かる。

「あの時代は貧乏でも楽しく暮らしていて、子供もたくさん産んで、幸せだった」

という言葉をよく聞く。そしてたたみ掛けるように、

「なぜ、貧乏だと結婚してはいけないのか」

などと言う。人生バンザイ、人生は最高だ、という映画ばかり見ている人々の末路か。昔は、お金はそれほど必要なかったのを忘れてはならない。今はデフレとはいえ、お金が必要。愛猫を治療させられずにその命を失った少女でも分かる。

私の友人女性で、結婚していたのに「車でデートをしたことがない」と言っている人がいる。もちろん、貧乏だからだ。車でデートが多くの人ができることだと仮定して、多くの人ができることができないのは、情報社会においては非常に取り残された気分になる。

昭和の中頃は情報が飛び交っていたわけではない。ちょっとお金のある人たちが何をしていたのかも分からないし、町内の人たちの暮らししか比較する対象もなかった。だが、今は沖縄にいる人たちが東京の事情も一瞬で知ることができる。

お金が必要な問題も山積みだ。

原発は使えなくなり、太陽光エネルギーや家庭用燃料電池が必要になってくるかも知れない。地球環境の悪化で、夏は高温、冬は低温に拍車がかかっているのに、冷暖房が完備できずに生きていくには無理がある。

国は消費税も上げた。昔は放置された重い病気も癌《がん》も今は治療をしないといけなく、入院費、治療費がかかる。その準備のためにいろんな保険に入ると、毎月数万円と消えていく。

事情が違うのだ、昔とは。

あなたは、「貧乏でも大丈夫」「貧乏の方が幸せ」という価値観、思い込みを捨てないと、人生を大失敗することになる。結婚する彼女が「それでもいい」と言ったなら、あなたがその誘惑に屈服する前に、最高の賢者になるべく、その女から離れるべきだ。

ここまで言っても、「彼女と共働きで楽に暮らそう」と男は考えるし、女の子は、「貧乏でも愛があれば大丈夫」と安心してしまう。それほど、集団の中にいる人間は、自己がなく偽の情報に依存する。

お金持ちを悪者に見せるのは庶民から金を取るため

『エリジウム』というハリウッド映画もそうだが、格差社会をテーマにして「金持ちは血も涙もないな」と思わせるのが、映画をヒットさせるコツ。

お金持ちを悪者に見せる方策とは、国民の半数以上を占めるお金のない人たちを、「ほっとさせるため」。もっと言えば、「自殺させないため」。

そして、何が真実かと言うと、そんなお金のない人たちから、お金を取るためなのだ。

あなたはお金がないのに、「清貧バンザイ。貧乏でも幸せだ」と見せる映画にお金を払ったではないか。

私は映画好きだから、格差ものもよく観るが、もう気分が悪くなってきた。私はちょっとだけお金持ちだが、悪党ではないし、弱者にも優しいつもりだ。

政治家が、庶民の味方をしたり、「私は庶民的です」と嘘《うそ》を言うのも、あなたたち庶民からの票を得たいからで（票を得て選挙に当選すれば後にお金も得る）、心の底では、「貧乏な奴らは本当に使えないな」と嗤《わら》っているのだ。それすらも分からないくらい、国民は庶民派の政治家が大好きだ。

貧乏なままでは世の中の本質が一生分からない

貧乏だと、情報を嫌うから、本質が分からない。

物事の本質を知らないなど、男だったら、童貞のようなもの。本当は何も語れない。その情報とは、自分が惨めになる情報。自分には関係ないとあきらめてしまい、見たくない情報だ。

では、以前に庶民派の敵になった麻生元総理が通っていたという高級バーと、普通のバーとどれくらいカクテルの料金が違うか、あなたは知っているだろうか。料金はほとんど変わらない。サービス料が加算されたとしても一〇%というところだ。

それを知らないだろう。知らないから、「高級バーに通う麻生は許せない」と怒って、震災復興もしない民主党に政権を渡したのである。

その愚行、五逆の罪に匹敵すると言えば、「おまえは保守派の異常者か」と、また、庶民派が槍《やり》を投げてくるのだ。

貧乏だと、世の中の本質や、実はどこかにある素晴らしい快楽の世界も知らずに、人生を終える。

そういうと、「快楽には興味がない」と庶民の人たちは口を揃えて言う。それは滑稽《こっけい》なくらいの「負け惜しみ」だ。

私は違う。すべての快楽、快適に興味があるし、楽しいことは認める。

南の島でスキューバダイビングをしている人たちは、「南国の海に潜ったことがない人は、人生を損している」などと言う。

私はそれを認めている。「あの綺麗《きれい》なエメラルドグリーンの海に潜ったら、どんなに快楽だろうか」とよく思うが、私は海にトラウマがあって、潜れないのだ。昔、友達が溺《おぼ》れて死んでいるからだ。だけど、「海に潜ったことがない人たちは、かわいそう」という彼らの言い分は認めている。怒ることなどない。

これをお金がない世界とある世界の話に置き換えれば分かりやすい。

お金のある人が、「ペニンシュラの朝食に出てくるキャロットジュースが最高に美味しい」と言ったとして、「そんなのに興味ないよ。カゴメのトマトジュースで十分だ」と言うのが、私は、「なんてもったいない考え方なんだろうか」と思ってやまない。

考え方というべきか、「感情」なのか。

あなたがもし、「お金がない方が幸せ」「お金持ちは不幸」「貧乏でも大丈夫」と思っているなら、それは騙《だま》されているにすぎない。あなたを騙したのは、八割が親で、残りの二割が恋人と時代だと思ってもらいたい。

いや、一部、間違いがあった。あなたの恋人である清貧が好きな女（男も）は、あなたを騙しているのではない。あなたに哀願しているのだった。「お金持ちは悪」「お金持ちになって、不幸になりたくない」と。

格差ものの映画を観て、不快感を示せるようになったら、あなたは一流の仲間に近づいたと言っても過言ではないし、お金の必要な快適を手に入れることもできる可能性が出てきたと言える。

実力のある男を認めることができない二流

今からわざと憎まれ口を叩こう。

あなたは成功者でもなければ、一流の男でもない。

なぜなら、あなたには憎むべき、成功者が数多くいるからである。

小泉純一郎元総理だろうか。ソフトバンクの孫正義だろうか。本田宗一郎が嫌いで、トヨタに乗っているのだろうか。女性スキャンダルを起こしたタイガー・ウッズが妬《ねた》ましく、ナイキのシューズを捨てたのだろうか。ＡＫＢ48でまた大成功した秋元康が憎くて、彼女たちの悪口を言ってるのだろうか。

あなたには何もない。

あるのは、卑小な自己愛だけで、他者から学ぶ器量もない。他者からは学ばないが、自分の能力と経験不足の文章は何度も読み返すではないか。あなたはネットの掲示板に書いた自分の言葉をうっとりとして読んでいる。

私は自分が書いた本は二度と読まない。

一日を過ぎると、また一歩前進し、利発になった私がいると信じている。古い本は常に、頭の悪い私が書いた拙作である。ネクストである本書は、頭が良くなった私が書いた本だ。

それくらい、私は、「学ぶ」ことに力を入れている。

学ぶこととは本を読むことと、街へ出て経験を積むことだが、もう一つ大事なことがあって、それがあなたが一番やりたくない、実績のある男や実力のある男を認めることだ。

本書は決して道徳的な退屈な本ではないが、非常識を勧める本でもない。

年長者。あなたよりも、二〇も三〇も年上の男に、上から目線で接していては、あなたは成功することはできないと言っているのだ。

あなたは自分が偉いと思っている。皮肉に言えば、それが今の日本人の希望である。アベノミクスは庶民にまったく還元されず、夢がなく、お金もなく、お先は真っ暗。自分が偉いと信じることでしか希望が持てない。そのため、『上から目線』が横行。日本を支えている男たちにさえ、偉そうにモノを言う男ばかりになった。

上を目指さず、上に嫌々をする者たちが増殖したために、成功者や一流の男が次々と生まれる国ではなくなった。

大衆に嫌われる人生で「英雄崇拝」など滑稽だが、私はそれほど巨大な思想はなく、超人的なものでもなく、自由とセックスを基本とした小さなものだが、あなたがニーチェを目指しているはずもなく、そうなる必要もなく、マルキ・ド・サドを目指して刑務所に入ることもなく、日本国においての「楽しみ」をお教えしたい。

まず、一歩でもデフレ志向のこの国から脱出することだ。

脱出とは海外に逃亡することではない。それもいいのだが、それができない現実が数多くあるだろう。私にもある。

あなたが嫌悪しているトップに君臨している男たちの年収は何億円。

それに対して、あなたは数百万円だ。

その差は、実は能力の差ではない。あなたが目指した仕事が、年収一億円以上は無理だと分かっていて、あなたはそれがやりたくて目指した。

素晴らしいことである。

まず、私が今、読者の一部の人を褒めたのは、私には実は頼りにしている職業の人たちがいて、その職業では決して、孫正義にはなれないのである。それは、農業であり、漁業であり、蕎麦《そば》屋であり、書店である。彼らは、脱出が不可能な状態で、自分が決めた職業に従事している。

その人たちを救うためにも、我々、必要以上に成功を収めたいと企んでいる愚か者が、頑張らないといけない。


卑小な自己愛を捨てよ。

あなたは、大したことがない男だ。誰かから学ばないといけない。

学ぶべき相手は実力でトップにいる男やトップを一度は勝ち得た男だ。判官贔屓《ほうがんびいき》ではいけない。**あなたが嫌っている彼らは教えてくれる。「どうしたら、成功できるのか」と。それが、不快感から脱出する第一歩だと思ってもらいたい。**

余談だが、政治家や役人には人間のクズが多いから、よほどの眼力を身に付けないと、その男が本物かどうかは分からない。

最後に、あなたは「日本一」になったことがある男をどう思うか。ちなみに、あなたは日本で何位だろうか。考えてみたまえ。

オリンピックで、金メダリストを絶賛し、五位の人間を無視するくらい、順位を重要視するあなたが、自分の順位を知らないのだろうか。

あなたの職業で、日本で第五二一位くらいだろうか。総合では一二万九八七六位といったところか。ところが、あなたは一位の男から学ばないばかりか、一位の男を妬んでいる。

お山の大将にもほどがある。

あなたが成功しない理由が、今、分かったはずだ。

上から目線をやめないか

「おまえも上から目線じゃないか」と思われるが、あまりにも一般人の「上から目線」が横行しているので、考察をしたい。

ネットの普及によって、一般人が気楽に、いや、当たり前にネットに意見を書くようになった。疑問なのはそれが『匿名』を許されていることで、そのため「上から目線」は非常にいい気になって、有名人を啓蒙《けいもう》しようとする。

プロの人たちに対してアマチュアが、「出直してこい」と言うのはひどく非常識で、そもそも高貴な人間は、公の場で人に恥をかかせないように努めるもので、ネットに有名人の作品なりのミスを見つけては、それを難詰していく人たちは、早くに結論を書いて申し訳ないが、貧しい心根を持っていると言っても過言ではない。

アマゾンという作品の悪口を書く媒体があるが、第一線でずっと活躍している歌手に、「歌が下手だ」と書いている一般人もいる。テレビドラマの主役を何度もやっている俳優を、「大根役者」と堂々と書いている人もいる。

悪口や中傷だけではなく、例えば芸能人が結婚すると、「ちゃんとした家庭を築きなさいよ」とコメントを付ける。「あなたはどれだけ偉い人なのですか」と私は思うが、その下には、「浮気しないように、仕事を一生懸命やるんだよ」「奥さんを大切にしなさい」とか、上から目線の連発で私は驚愕《きょうがく》している。

有名人に偉そうな言葉を投じて、精神の安定をはかる。ネットのコメント欄、掲示板、レビューでは慣習化しているので、新しい文化なのだろう。簡単に便利に、精神を安定させるモノが出てきて、一般化している。文化としか思えない。ずいぶんと、程度の低い文化が現れたものだ。

まさか、それが楽しぃのだろうか。

私が快楽が好きだとして、他人などどうでもよいのだ。私は高貴ではないが、やはり、個人を貶めるような言葉をネットに書くことはできない。快楽とは思えないばかりか、「あんなこと、言わなければ良かった」と後悔するだろう。

無論、酒の席などでは言う。非公開なら、言われた本人は傷つかなく、部屋での独り言とも言える。そうした理由で、「私の本など売れてないから読まないだろう」と、昔に競馬の騎手を名指しで批判したことがあったが、それすらも後悔している。

しかし、私は匿名ではない。文句があるなら戦えばいいわけで、匿名というのは柔道のかけ逃げみたいなもので卑怯《ひきょう》だ。

成功できない男ほどプライドが高い

人の上に立とうとする心理は、プライドがそうさせるのだが、プライドについて述べると、プライドが高い男ほど非成功者と相場が決まっている。

人間は、成功すればするほど謙虚になっていく。

成功をしたのが、恋人や家族や友人の応援のおかげだと実感するからである。

成功と言うのは、何か不思議な力が作用して成功するもので、それを成功者たちは、「皆さんの応援のおかげ」と心から思う。

オリンピックを見た人は気づいているかも知れない。金メダルを取った人たちの謙虚なこと。日本人特有の精神かも知れないが、「応援してくれた皆さんのおかげで金メダルが取れた」と口を揃えて言う。金メダルは頂点。誰かにプライドを発揮する場面もない。銀メダリストに上から目線にならなくても、勝負は周知の事実としてついている。

そう。街でも、黙って座っているだけで勝負はついている関係はたくさん見られる。大人と子供。お金持ちと貧乏人。ポルシェと軽自動車。美女とデブ。

ところが、負けている方はその勝負が決着しているのが気に入らない。そこで、すでに負けているのに上から目線の言葉を作ってくるのである。

「上から目線」は負け犬の遠吠えだ

私のところには、「里中さんに失礼なことをした」と謝罪に来る若者がよくいる。メールでの謝罪も多い。

しかし、一〇〇%謝罪した若者は誰一人としていない。必ず、「ここは譲れない」「あんたのここも悪い」という一文が入っていたり、対座していたら、胡坐《あぐら》をかいていたり、謝罪した後、別件で怒りだしたりした。

帰り際に、「でも、里中さんを先生とは呼びませんよ」と捨て台詞を吐いたり、もはや若者の意味のないプライドの高さは病的とも言える。そして、私は言わないのだ。「俺は五〇歳で君は二五歳。この場で殴られても文句は言えないくらい、君は子供で、実績も実力もないんだよ」と。

なぜ、言わないのか。

それは、成功者がネットに上から目線のコメントを書いていないように、別に、勝負のついている若者に対して優位に立つ必要などなく、そんなレベルの低いプライドもない。**そう、「上から目線」とは、負け犬の遠吠《とおぼ》えなのだ。**

しかし、若者に助言したい。

君たちは今からが勝負なのに、「負け」を早々に認める発言はやめないか。成功者や実績のある大人に上から目線になることは、「負け」を認めてしまったことなのだ。

成功者は、相手に恥をかかせないように努める。非成功者は、相手を貶めようと必死になる。実名がばれる場所なら、自ら恥をかいていく。

この差を、今一度、考えてほしい。

ブームを疑わない男は二流

ブームと言っても、妖怪ウォッチのような、社会問題や政治的喧噪が絡んでいないブームには十分楽しむ価値があると思っている。妖怪ウォッチが後世で大衆を苦しめることはないのだ。苦しむ人がいるとしたら、記録的な売り上げのトップに立てないアニメ制作者と玩具会社か。

一方、国民の生活に関わる問題、男女平等の問題に発展するブーム、社会問題の誤った賛成。細かく例をあげると、ＳＴＡＰ細胞からの女性賛美、昔の韓流ブーム、プロ市民による夫婦別姓議論。

人々の判断は、「自分が楽しければいい」という安直なものだが、それが大半で、将来において自分の首を絞めることになるとは当人は思っていないし、将来自分が苦しくなったり、不愉快になったことが、自分が招いたことだとも理解しない。

今、日本人の生活は苦しい。それはネットばかりやっていて、選挙にいく人もいないからだ。自業自得だ。

なでしこジャパンと男子サッカーを比べる愚

少し前にブームになった、なでしこジャパンについて語りたい。

彼女たちが勝つたびに、「男子サッカーはどうしたの？」「女子は強い。まさに女の時代だ」と、フェミニストの女子アナが口にし、弱い男たちもその女子アナの言葉にひれ伏す。

先日もサウナで、「男子は弱いな。なでしこの試合はいつだ？」とおじさんたちが話していた。頭が弱い男たちで、本も読まない人々だと思われる。プロスポーツ選手に友人知人がいるが、もちろんそんな暴言は吐かない。

男子と女子とではレベルが違う。サッカーだけではない。女性がスポーツをほとんどやらない国もある。一方、男の方は少年時代から、ほとんどの国の子供がスポーツに熱中し、一時でもプロを目指す。女子は町で数人しかプロは目指さない。国で数人という国もあるかも知れない。

男子サッカーは、世界中で国を挙げて指導されていて、スポーツの戦争と言われるW杯優勝を目指している。だから、予選から激戦区。勝ち上がってくるのは、サッカーの歴史が長い、ブラジル、アルゼンチン、イタリアなどと相場が決まっている。そこに歴史がほとんどない日本の男子サッカーが食い込んできた時代になった。

それが快挙なのに、「女子は優勝したのに」と思っている男も女も頭がおかしい。フジでは、ある女子アナが、「女は強い。男子も頑張ってねー」と笑って話していた。歴史も浅ければ競争率も低い女子サッカーがW杯で優勝して、それを厳しすぎる男子の世界と比較して、「男は情けないな」というのが大衆の頭の悪さなのだ。

社会に迎合しようと躍起になる人々は、比較が大好きだ。無論、比較して「こっちが良い」と判断するのは、大衆も「良い」と言っている方と決まっていて、本人は思量などしていない。あなたはなぜ、『考えないのか』。私には理解できない。

世の中には、「比較してはいけない」ことが非常に多くあり、それを比較し、一方を貶めると、後々、自分が不愉快になることが多い。

自民党と民主党を比較して、「民主党の方が生活が楽になる。お金がもらえそうだ」と国民は思ったことがある。賢明な人ならば、左翼と右翼を比較しないように、自民党と民主党はまったく思想が異なる政党であり、比較の対象にしてはいけないのだ。

「女の時代だ」という流行には乗らない

男性を貶める長い長い流行によって、男も女もいろんな場面で苦しんでいる。

給料を女房に握られていて、小遣い制になっているのも、もともとは父親かお兄さんあたりが、「女の時代だ。女は強い。男は弱いんだ」という流行に乗ってきたからで、今の時代の男たちの苦痛は、すべて自分の父親の責任か、直近の問題だったなら自業自得なのだ。女性も「女は強いから頑張らないといけない」と無理をしてしまう。

『我慢力』という言葉があるとしよう。

今の時代は我慢する力とそれが弱まった部分とが交錯している。

年金問題に至っては、誰がなぜ我慢をしているのか分析が難しいくらい、暴動すらも起こらない。しかし抑圧された精神は、必ず暴発するもので、私たちの次の世代が暴動を起こしたら、それは私たちのせいということになる。前述した、「父親か兄の責任」という意味だ。

政治的な流行に乗る。男女の差別問題に関わる流行に乗る。

必ず、自分の首を絞めることになる。

あなたが気楽に生きたとしても、あなたの息子か孫が苦しむことになるだろう。

最後に、「女性が強いという流行で、女たちが楽しんでいるし、幸せだ」と思う男は、この孤独な時代の何が、「女たちが幸せだ」と思うのか、それを教えてほしい。

「幸せ主義」にアンチを唱える

ある男が今、心底、「幸せいっぱいだ」と思っているとしよう。

恋人に、「あなたと出会えてよかった。自分は世界一の幸せ者だ」と言われる。恋人を絶賛し、恋人に心を奪われ陶酔もしている。

しかし、薬が一時しか効かないように、恋人に陶酔する感情も一日中、持続するわけではない。ましてや、一年、三年、一〇年と続くことは稀《まれ》だ。

セックスも、恋人を愛し続けるための手段の一つだが、やがて厭《あ》きがくる。日本中

がセックスレスだから気にもしなくて、
「なぜ、恋人（夫）とセックスをしないのか」と訊《き》かれると、「でも、幸せだから」
という言葉を用いるのだ。

「私は幸せだ」

という言葉は多くの場面で、負け惜しみ、言い訳、自己完結のために用いられると
ても感情的な言葉で、幸せな生活にほど遠い人間は、さかんに、「幸せだ」と弁解する。

最たる滑稽な例では、「彼と別れたけど、私は今、幸せ」という女性がよく使う台詞。
それが本物の幸せか嘘なのか勘違いなのか、これから考えるところだ。

「あなたと出会えて本当に幸せ」
と、潤んだ瞳で言った恋人は、今、そばにいない。
恐らく、本書を手にした読者の半数は、そうだ。「いない」と答えるだろう。それ
くらい、幸せだと断言するその「幸せ」は不確かで、約束もない。だったら、本当は

軽く口にしてはいけない言葉のはずなのに、人が「幸せだ」とさかんに言うのはなぜだろうか。

後述するが、私は、「幸せだなあ」と惚《のろ》けたことは一度もない。

「幸せ」と主張する凡人

人の頭の中には、『スキーマ』が常にある。

つまり、こっちとあっちを比べる、という意識だ。

特に人にとって重要なのが、「あの人は幸せで、私は幸せではない」というスキーマで、本当に、人は面白いくらいに、いや、情けないくらいに、他人の幸せに嫉妬《しっと》する。

その幸せの最たるものが、なぜか「結婚」で、欠点が多いこの制度に人々は飛びついて、満面の笑みを見せることになっている。それを他人に見せたくて仕方ないカップルは、派手な結婚式を行い、絶頂の幸せをアピールすることになっている。

その数年後、早い時は数カ月後に、その結婚生活が破たんしていることが非常に多いのに、結婚式の最中、自分たちの「幸せ」が崩れるとはこれっぽっちも思わず、新郎新婦は人前でキスまで見せびらかすから、まさに幸せの絶頂を満喫しているともいえる。

私は嫌われようと思い、こんなことを書いているのではない。考察をしてみたいだけである。

幸せなら幸せでいいので、なぜそんなにアピールしたがるのだろうか。とにかく、その幸せは短命なのだから、それを察しないと後で恥をかいたり、絶望したりする。

「俺は幸せだ」という男もいるが、繰り返すが、必ず主張する。

なぜ、声を大にして言うのか。自分で勝手に決められることなのだから、ちっとも偉くない。

しかし、本当に幸せなのかも知れず、それを考察していきたい。

「幸せ」は短命

田舎の漁港で働いている若者の男がいたとしよう。

彼らは偉い。

魚を獲る人たちがいなくなったら、築地から魚がなくなるくらい深刻な事態になる。だから国を挙げて、漁業の人たちをもっと潤わせなければいけない。しかし、それがなされていない。

お米を作っている人たちが億万長者という話もないが、お米がなくなると、日本人は非常に困った事態に陥る。ところが、農家には花嫁が来ないことでも分かるように非常に不人気だ。

カタカナの肩書の入った名刺を持った得体の知れない男の方が、「東京にいる」というだけで結婚して、農家に嫁ぎたいという女性はあまりいない。

漁業、農業に勤めている若い男は、都会と田舎というスキーマを持っていて、それに苛立《いらだ》った時、「俺は幸せだ。この仕事に誇りを持っている」と言う。それが本当なら、誠にその男は優秀だが、次の日には、「なんで俺の所には嫁が来ないんだ」と嘆いている。おや？　昨晩、「幸せだ」と口にしたのに、一夜明けたら、もう、不幸せなことを言っているではないか。

いったい、「私は幸せだ」という言葉は、なんと短命なのか。

幸せが滑稽なほど短命なことを映画『メランコリア』は訴えている。知っているだろうか。ラース・フォン・トリアー監督の傑作だ。

「幸せ」と言っていた人たちは、数日後に孤独に死んでしまうのだ。幸せを共有していたはずの愛する人はどんどんいなくなり、抱き合いながら、「幸せだったね」と泣くことすらできずに地球は滅亡する。

なぜ、人は、「幸せ」という言葉を多用したがるのか。

例えば、「愛している」は、簡単には言えない。本当に愛してない人に、「愛している」と言う人間は結婚詐欺師くらいか。

一方の、「幸せ」は著しく個人的な感情で口にしても叱られない。他人から見て、「おまえ、それは幸せじゃないだろう?」という場面でも、「いや、俺はこれで幸せなんだ」と言い切ることができるとても便利な言葉なのだ。

それを聞いた相手も、それが彼の趣味、または傾向だと思い、観念することになっている。そのことから、他人が関与、寄与しない場面で、「幸せだ」という言葉が用いられることが多いとも言える。実は、誰かと誰かが愛し合って、「幸せ」ではなく、人間の本質は、誰かと誰かが離れ離れになって、「幸せ」なのだ。

正確に言うと、孤独になったから幸せになりたがる、ということだ。

人間の持つ自然的目的は、自分が幸せになることだが、それには幸せの『基準』『基本』が存在し、それをクリアしなければいけない。だが、その基準から落ちてしまう人はとても多く(例えば結婚できない)、どうにもできない時間が、二年、五年と続いたら、社会性と人間性を損なわない程度に、「私は幸せだ!」と言い切る感情を構築する。

・孤独にアイドルに夢中になる。孤独に美味しい料理を食べる。
・孤独に一人で大好きな映画を観賞に行く。

・孤独に自慰にふける。孤独に子育てをする。

これら、愛する人、愛したい人と離れてしまっている人間の方が、誰かと愛し合っている人たちよりも、「私は幸せだ」という言葉を使うのである。それは哀しみから逃避しているのではない。本当は、こちらが本当の幸せなのかも知れないのである。

なぜなら、短命ではないからだ。

幼くして命を失った子に、「短い時間だったけど、あの子は幸せだった」と言葉をつくる人がよくいるが、私はこの言葉が大嫌いだ。

幼くして死んでしまった子供は、間違いなく不幸だ。冗談も休み休み言ってほしいものだ。しかも、幸せは本人が決める感情。天国にいる本人に聞いてから、「あの子は幸せだった」と言ってほしい。

快楽主義と幸せ主義は正反対

本当の幸せは、長い時間、心身ともに健康で、趣味などを楽しんでいることを言うのかも知れない。

結婚にしても、結婚生活を長い期間エンジョイし、「結婚生活こそが自分の人生の中心」となれば、そこで、「幸せだ」とかみしめても間違いではないのだろう。

あからさまに短い「楽しい」に、「幸せだ」を連呼することが間違いだと、私は言いたい。

私は、生まれてから一度も、「幸せだ」という言葉を使ったことはない。子供の頃に言ってしまったことはあるかも知れないが、「幸せとは何か」と考えるようになった二〇歳からは言ったことがない。

最初は、「幸せ」という言葉は、女性のものだと思って、そこから考えるようになった。今も、「幸せ」「幸せ」と言っている男たちを少し軽蔑している。

息子が小さな時。まだ幼稚園くらいの頃は、本当に可愛くて、一緒に手を繋《つな》いで歩いていると、「これが幸せなのか」と怯えたことがある。

怖いのだ。幸せが、『短命』だと知っていたからだ。

後から付けた話ではなく、私は本当に幼い息子と遊ぶのが怖かった。すぐに、息子が大きくなり、可愛くなくなるのは明白で、「じゃあ、彼が幼稚園の今は幸せで、彼が高校生になったら不幸せなのか」と自問自答したものだ。結局、息子と遊んでいて、一緒に生活していて、「幸せ」という言葉は使っていない。

一方で、私には、長く続けている『快楽』がある。快楽主義と幸せ主義は正反対の志向だと思っているから、それをやっている時は、「楽しい」と口走ったり、ゲラゲラ笑ったり、バカな話をしてみたり、とにかく楽しんでいる。

それが、もう一〇年くらい続いているので、私は、「これは幸せなのではないか」と思うようになってきた。他人から見て、とてもじゃないが幸せそうな行為には見えないのに、なんとそれを持続しているので、

「私はこの遊びが、幸せだと言ってもいいのではないのだろうか」

と最近、思わず笑ってしまうことがよくある。

そして、息子が大人になっても、かわいいやつだ、と感じたり、一緒に遊んで楽しかったりしたら、「おまえが生まれてきて、幸せだ」と言おうと思っている。

第3章

お金に嫌われない一流の「考え方」

お金はこう使うんだ

宝くじの高額当選者が、不幸になったり、お金を使いはたして、もとの生活レベルに戻ったりしているのは、「お金の使い方」「買い物の仕方」を勉強した事がないからである。

お金持ちになった男たちは、いきなり億万長者になったわけではない。**年収が一〇〇〇万円の時代も五〇〇〇万円の時代もあったから、それなりに、お金の使い方を心得ている。**

あなたが何か一発を当てて、三〇〇〇万円手にしたとしよう。

車は何を買うか。

六〇〇万円のBMWか二五〇〇万円のポルシェ・パナメーラか。

「三〇〇〇万円あるのだから、パナメーラを買おう」

それではいけない。

あなたが来年も三〇〇〇万円を稼げて、税金も払えるのが確定しているのならともかく、ここで買うべきは六〇〇万円のBMWである。

しかも、ここからがポイントだが、六〇〇万円も出せば、ほとんどの車が完璧で、ポルシェやフェラーリになると、もう、有名な絵画を買うような、つまりコレクションとしての買い物になるのだ。

腕時計も同じ。女性が、ダイヤモンドなどの宝石の大きな指輪にこだわるような買い物であれば、パテックフィリップでも買えばいいが、時間を見るだけなら、あきらかに安物でなければ、そんなに周囲の顰蹙《ひんしゅく》は買わない。

私はスニーカーが好きだが、愛用しているのはナイキ。一万円から二万円する。一方で、ルイヴィトンがスニーカーを作ったら、それが八万円という価格だ。その靴を買うべきかどうか。答えは、一〇万円しかないなら買わない。靴を買う資金が三〇万円あるなら買う。

スーツはどうだろうか。紳士服の青山あたりの安いスーツを着ている男も多いのだから、あなたがとんでもないお金持ちでもないかぎり、高くてもタケオキクチでいいのである。

億万長者になることが最高で、最大の快楽だが、円安で庶民は苦しいからそれはほぼ不可能。年収が二〇〇〇万円くらいの、下世話な言葉で、「小金持ち」になることがまず、第一歩と言える。**お金持ちから見たら、「大したことがない小金持ち」も、庶民から見たら、「リッチな人」なのだから、つい見栄をはってしまう。**

そこに落とし穴があるのだ。

基本的に持ち金の六割までしか使わないことだ。

快楽は「余裕」がないと成し得ない

私はホテルのバーによく行くが、酒に弱いこともあり、資金は一万円。

まず、生ビールを飲むと、約一〇〇〇円。それから、ウイスキーの水割りを一杯飲んだ後、カクテルを頼む。ほとんどのカクテルが一〇〇〇円ちょっとの値段だが、カクテルの大会で優勝した人が作るオリジナルカクテルになると二〇〇〇円以上はする。

渋谷にあるセルリアンタワー東急ホテルの『ベロビスト』という店に、大竹学さんという世界一の男がいるが、そんな立派な男のオリジナルカクテルを飲む場合でも、持ち金が五〇〇〇円なら、それを使いきらずに、カクテル一杯にとどめておくのだ。

なぜか。

快楽とは、「余裕」がないと成し得ないのだ。

お金が無一文になることは、快楽主義の『屈辱』なのだ。それが一瞬でも。

仕事にも応用してほしい。

自分の限界になる仕事をやっても、絶対に失敗するか、続かない。

「これはできるな」

という、気持ちに余裕がある仕事を引き受けるのだ。

それから、銀行に使えるお金が一〇万円あって、財布には二万円という場合でも、その二万円を使い果たしてはいけない。今は深夜のコンビニからでも、お金を引き出せるとはいえ、男の財布から一瞬でもお札が消えることは、その男の資質が問われることになる。財布に一円もないの？　子供か？　という感じだ。

私はほとんどの支払いをカードでしているから、現金はそば屋などでしか使わないが、必ず財布には一万円から一〇万円を入れてある。それが、男の余裕になって顕れるのである。

お金は神様と思え

お金は人間が創った神のような存在だと思って、接してほしい。無論、あんなもんは神ではない。神ではないが、ぞんざいに扱ってもいけない。

一流に近づくためには、お金が必要かもしれない。先に触れた「幸せ」にしても、実はお金が必要なのだ。

綺麗事、道徳的な言葉、一切不要。生きるために必要なのはお金である。

快楽と同時に快適も必要だと言うことを繰り返し、言っておく。特に、快楽について具体的な想像ができない人は、快適を考えてみればよい。冷房、暖房、防犯、エコカー、ちゃんとした食事……。それらを得るのに必要なのは？

そうお金。汚いものだから、神とはほど遠いが、無宗教の人にとっては神を超える場合もある。

先日、地方の喫茶店に入ったら、コーヒーを飲んでいたおじさんが、「会計」と言って、テーブルにお金を投げた。折れた一〇〇〇円札だ。

人を見た目で判断してはいけないと、よく本に書いてあるが、これでもか、と言いたい。そのおじさんが、洗練された街の紳士ではないのは明白で、汚い服に無精髭《ぶしょうひげ》で、読んでいた新聞も棚に戻さないでテーブルに置いて出ていった。

そのおじさんの一〇〇〇円が、一〇万円、一〇〇万円と増えていくことはない。

そして、そのおじさんは快適とはほど遠い生活を続けることになる。

「お金持ちは皆、長財布」という内容の本がベストセラーになったが、そこまでは強制しなくとも、ポケットの中から皺《しわ》くちゃのお札を出してくるような男は、親の教育が間違っていたのか、人生の途中で精神が破綻したのだろう。

私は今、ブルガリの二つ折の財布を使っている。「お金持ちは皆、長財布」の本に腹をたてて、二つ折に替えた。長財布から二つ折に替えても、収入は変わっていない。

ホテルでチェックアウトをする際に、カウンターの上に、この財布と眼鏡を置いて、会計をする。高級ホテルのフロントだと、必ずブランドを見るから、私がちゃんとした財布を使っていることは彼らに分かる。それが小さな積み重ねとなって『信頼』を得ることに気づかない男は非常に多い。

誰でもはじめは、ただの青二才。

それから努力をしていくと、少しずつ認められていき、最後にはＶＩＰになる可能性もある。

いくら庶民とは言え、お金を投げていて、それで何か得られるのか。銀座で豪遊して、お金を散財している男も、くっついているのは、そのお金が目当てな人間だけで、誰かの絶大な信頼を得ているわけではない。

知力、判断力、才気、ダンディズム、途切れない目的意識。それら精神的才能を常

時発揮し、まったく隙《すき》のない男が快楽と快適を得られるのだ。そんな疲れることは無理だと思ったあなたは、習慣化すれば何も疲れないことを知らないのである。

私がホテルの会計で財布と眼鏡を置くのは習慣化していて、なんの苦痛もない。神には完全無欠な意志があり、お金にはそれがない。

神とお金は似ているが、はっきりと異なるものだ。似ている点は人々の拠り所になる部分である。

お金がたくさんあれば安心する。信仰に似ている。

ここでは、暫定的に神とお金は相似性があり、だから、大切にしないといけない、という話でまとめておきたい。

私自身、この問題は研究の余地があると思っている。

ただ、お金をポケットから取り出し投げている男。長年、汚い財布やマネークリップでお金を扱ってきた男。彼らにお金が戻ってくることはあまりないだろう。

快楽を得るには、努力の積み重ねが必要で、一〇年間、成功を目指して、繊細に努力してきた男が、その歓びを得られるようになっている。

「今からでも遅くない」

私が使わない言葉だ。

お金をぞんざいに扱ってきた四〇歳の男には、もう未来はない。

お金は貯《た》めるものではなく、使うもの

お金は使うためにある。

自由になるためだ。自由になるためにはお金がいる。たくさんいる。

簡単な話だが、五〇〇円しか持っていなければ、五〇〇円のモノしか買えない。それがもう自由ではなくなっている証拠になる。五〇〇〇万円あれば、五〇〇円のモノも含めて、たくさんの高額なモノも買える。自由に一歩も二歩も近づくわけだ。モノの中にはもちろん旅行などもあると言えば、自由になるという意味もわかると思う。

女もお金で手に入る。恋愛で獲得した女にも、お金は絡んでいるものだ。

男にとって、女とのセックスは自由の証。理性がある意味、束縛なら、変質的なセックスは理性を解き放つもの。お金で束縛からも解放させてもらえる。「お金で買う女は汚い」と思った男は、さっさと本書を閉じて、「結婚は売春」と論じた心理学書でも読んでほしい。基本を覚えなさい。

私にとってお金とは、街で自由に歩くための道具。財布に入っているお金は、気まぐれな私を突然、コンラッド東京の浜離宮側の部屋に寝かせることもできれば、疲れてしまった体に高額な栄養剤を注入させることもできる。

あなたは試してみたらいいだろう。

無一文に近い状態で街を歩いたら、どんなに不自由か。

お金は自由を得るためのモノ。

お金のない人ほど不自由な暮らしをし、何かに縛られている。

こんなに簡単な話はこの世にない。

実は、世の中には、お金を必死に使わないマゾヒストが多くいる。お金を銀行に閉じ込めて、財布には少額しか入れず、街中で苦しい思いをしている、快楽とは逆の生き方を好んでしている奇妙な人たちだ。

俗にその人たちを、「ケチ」と言う。

彼らの存在が、日本の経済が一向に回復しない原因の一つになっている。

「じゃあ、あんたは預金が一円もないんだな」

と言われるわけだが、私には銀行預金などない。キャッシュはすべて株、債券に変わっている。時々、売買すれば、日本の経済のためにもなる。

その結果、私も潤うはずだ。国の経済活性化になれば、自分のためにもなる、という考え方をすべての国民が実行すれば、あっという間に経済が悪化したその国は回復する。ところが、「お金を使えば、自分が苦しくなる」と怯《おび》えている弱化した人たちが、国の半数以上を占めるから、どうすることもできない。

お金は、お金が欲しい人のところに集まってくるのだ。オカルトな話ではない。

お金を一度手にすると、ほとんどの人間は生活レベルを下げられない。さすがに、これだけデフレが長いと、少しは下がってしまうかも知れないが、BMWに乗っていた男が、ちょっとお金がなくなったら、ホンダのフィットに乗り替えることはまずない。**「生活レベルを下げたくない」という強烈な思いは、アイデアを生むし、仕事に対する熱意も生む。**

貧乏なのは、お金を欲しがっていないから。お金持ちになる手相を自分で描くくらいの執念がないと、お金持ちにはなれない。

一度、散財してみたらいいのだ。

どんなに自由なのか分かる。そして翌日からの生活が苦しくなったら、「よし、また稼ぐぞ」という気持ちになる。もちろん、前項で述べたように、基本は収入の六割までしか使ってはいけない。

珍しく励ましたが、世間や、読者に対して嘲笑《ちょうしょう》的な私の文章からは、「愛」「情熱」が見えないと思う。冷やかに自分を分析するなら、私には愛などない。

子供を愛していると感じる時はあるが、女は愛さない。だが、力強い傾向性が女を守ろうとするから、それが愛に取って代わっていると言えよう。
お金は、その力強い傾向性を持続させるためにも必要だ。
あなたはお金がいらない、と言うのだろうか。
そんなに自分を苦しめて、どこに向かうのか。
自由とは、快楽と悪徳の事だ。
理性と道徳では、あなたは窒息死するだろう。首を縄で絞められたのだ。
お金を使う練習からスタートするのがベスト。
勝者は、自由を獲得した者だ。

三流の男の快楽主義とは

食事の勉強をしない男は例外なく、品格がない。

人間には欲求がいくつかあるが、もっとも我慢ができないのが食欲だ。そのため、それを制したものは確実に上昇する。

私がいくらそう言っても、「友」は聞かない。

本を上梓《じょうし》するたびに、食事の話を説教する私には完ぺき癖があるのだろうか。私が食事にこだわりすぎる病気で、私の話を聞かずに、ジャンクフードを食べている友人が正しいのか。

私は知っている。

ジャンクフードを食べる事は大衆志向。

友人は、人気を得たいから、ジャンクフードを食べているのである。

高校生の仲間で、一人だけマックに入るのを拒む子がいたら、その子は仲間外れにされるだろう。ジャンクフードを食べることは友達づくりなのだ。

三〇歳でそれをやっていたら、「幼稚」としか言えない。


人間は優れた知識によって、浄化されていく。

食べ物の知識を持つことは神に近づく行為だ。


それくらい、良い食べ物にこだわる男は崇高に見えてくる。

今、この瞬間、我々は生きている。それは奇跡に近いことだ。街に溢れる食べ物には『毒』がいっぱい入っている。モルモットに、我々人間が食べている食品に含まれる保存料を与えると、重篤な病に陥ってしまうことが実証されている。

体の小さな子供に、その保存料などが入っているジャンクフードを平気で与えるのが、日本では常識になっている。中には、激安料理店に行き、それを子供に食べさせている親もいて、子供が死んでしまった事件もあった。

疑う知性を無くした大人たち。

私はそうよく言っている。

「私はお金がないから、毒の入った寿司を食べるしかない」

という男はいない。

「毒」が入っているとは知らないのだ。無知なのである。三流の男ということだ。その妻もだ。

私の快楽主義は、体を疲労させることではない。体を老化させることも病気にすることも主義に反する。

麻薬をやり、死ぬ寸前までの快楽を得た、という男に威張られようが、私は死のリスクは避ける。そして、大衆が好む、ジャンクフードや激安店を否定することは、私を一流の男に高めるための手段だ。

大いに軽蔑《けいべつ》している。マクドナルドのドライブスルーに突っ込んでいく車に乗っている人間を。

かつて、人類が誕生してから、これほど頭が弱くなった時代があっただろうか。

毒を好んで食べているのだ。

それは三流の快楽主義。

「この食べ物は安くて美味《おい》しいよ。たったの一〇〇円」

と宣伝する。それを信じる三流の人たち。

「この食べ物は安くて美味しいよ。だけど栄養はありません。原材料は決して言えません」

本当はそう言っているのだが、聞こえないのだろうか。

全身ユニクロでは一流になれない

私は一九七〇年代から八〇年代のロックが好きで、昔の名盤はレコードでほとんど持っていた。

それをCDで買い直そうとした時に、CD店を探し回る必要はない。ネットで、そのCDの名前を入力したら、「アマゾンで手に入る」と数秒で表示され、そこをクリックすれば数日後にそのCDは私の手元に届く。

先に言いたいことを言うと、ビートルズのCDはすべて限定にして、一枚数万円の価値を持たせ、銀座やミッドタウンに行かないと手に入らないようになってもらいたい。

欲しいモノのほとんどが安値で簡単に手に入るようになっている。一部の高級なモノを除いてはネットで買うか、新宿に行けばほとんど手に入るだろう。**末開とは逆の世界が日本の街にはある。**

堕落だ。

人間は不平等でなくてはならず、身体的不平等はここでは語れないが、社会的不平等はなくてはならない、あなたのエネルギーだったはずだ。**働かなければ、「食う」ことにも困り、着る服を笑われるくらいではないと、人は奮起しない。**ユニクロを着て歩いていれば、一定の評価を受けるようでは、人は向上しないではないか。

サイゼリアに行けば、超低価格でイタリアンが食べられ、スシローに行けば、久兵衛と同じ形の寿司が一〇〇円以下で食べられ、ユニクロでは冬も暖かいヒートテックの服が飛ぶように売れ、しかもそれを着ていることをなんと自慢する人も多い。

ユニクロしか着られないことは、全身をヴィトンにできる芸能人などに対して、労働時間が同じことを考えると、ひどく不平等なのだが、それを自慢するという意味は、享受が何かを知らないのか、社会的不平等を認められず、頭がおかしくなってしまったのだと私は推測している。

そもそも、「それが快適で楽しいのだろう」と、ある有名作家が言っていた。楽しいのかも知れないが、快適とは違う。

モノが激安で手に入り、そのモノが部屋に溢れている状態が快適なのだろうか。

何もない高級マンションのリビングに、熱帯魚と壁に高級絵画が飾ってある環境の方がはるかに快適ではないだろうか。

安いアパートに、ユニクロやドンキで買ったモノがいっぱいの部屋が快適なのだろうか。古い言葉で言うと、その状態は『負け組』の象徴ではないか。

あなたは親に洗脳された奴隷なのか？

日本人は奴隷なのかも知れない。

奴隷はかつて、「自分たちは不平等に置かれている」と考える隙《ひま》も与えられなかった。産まれ落ちた瞬間から、奴隷だったのだ。坂本龍馬で有名な下士の人たちもそうだった。産まれた時から下士。どうすることもできなかった。

私は今から、読者の親を批判するが、決して怒らないでほしい。

日本人は子供の頃から奴隷だった。それは、「激安の生活を強いられる奴隷」だ。

レストランはサイゼリア。寿司はスシロー。マック、吉野家、すき屋。洋服はユニクロ。ＡＢＣマートで靴を買い、モノはドンキと一〇〇円ショップで揃えた。そして、

親は目で言うのだ。

「おまえはこれで満足だろう」

と。

おかしいではないか。洗脳ではないか。昔、奴隷になっていた親が、生まれた子に、「おまえは奴隷。生まれた時から決まっている。肌が黒いのは白人よりも劣る」と洗脳してきたのと似ている。

「日本に不平等があること」を、死ぬよりも恐れている連中が、日本を平等な国に見せかけている。それは日本を売国しようとしているくらい、愛国心のない政治家だ。

本当に国を想う政治家は、「はっきり」と言う。

あなたがユニクロを着るのはお金がないからではない。社会的平等を欲しているのだ。

反論があるなら、なぜ発奮しないのか。ユニクロを着ていたら、街で同じユニクロを着ている男とすれ違う。それが快楽なのではないか。無論、底辺の快楽だ。

ニートで、まったくお金がなくて、黄ばんだ下着をずっと穿《は》いている男でさえ、「俺と里中は同じだ」と喚き、それを弁護士から認められている。

人間は不平等だから立ち上がる

私がなぜ、こんなに憎まれる事を書くのか知っているだろうか。

「同胞よ。騙されてはいけない。世の中を疑う知性を持ち、奴隷状態から這《は》い上がり、美女を射止め、快哉《かいさい》の叫びを上げるまで、私とともに闘おう」

私は著作でずっと男たちにそう言っているのだ。

私はすでに奴隷状態から脱出している。ユニクロも品質が良くなったので、スーパーの服よりはいいのだろう。私も部屋でユニクロの靴下などはいているが、外着をユニクロにはしない。しかし油断すると、高名な作家が、「ユニクロは素晴らしい」「サイゼリアは最高に美味しい」と洗脳してくる。

あなたは誰かに騙されている。親か国か作家か、惚《ほ》れてしまった女に。

自分で考えなければいけない。

人間は不平等だからこそ、立ち上がるのだ。

あなたが立ち上がれないのは、自分は日本で平等にされていると思い込み、ユニクロを着て、笑っているからだ。激安回転寿司の保存料がたっぷり入ったウニを「美味い！」と思うことは、完全に洗脳されている証拠。

そんな毒が美味いはずがない。異論はあるまい。

若いうちの趣味は害悪でしかない

私の目的は常にお金と女性。社会的な名誉には興味が無い。

女性とはセックスだけでなく、見ているだけでもよくて、だが、知らない女をジロジロ見ていては変態なので、その目的にもやはりお金がいる。だから、仕事はそのためにしている。優秀に働けば女は私を尊敬する。あなたのこともだ。男を敬愛した女は一心不乱にフェラチオをするものだ。

今、あなたは私を軽蔑しただろう。それは著しく矛盾した感情だ。

あなたも、趣味を楽しむために仕事をしている。仕事よりも週末の趣味のために生きているはずだ。休日に、子供と触れ合うのが毎週の楽しみというのも趣味と同じようなものだ。

あなたは趣味のため、私は自由と女のため。似ているではないか。

人は快楽のために働く時がもっとも底力を発揮するのである。

しかし、大半の底力は威力が無い。それはなぜか。

奮闘努力をしていないからだ、と、優しい啓発本は言うだろう。努力について言うと、努力とは自分が苦手な部分に対して、それを補うためにするもの。しかし、人は苦手なことには時間を使いたがらない。誰でもそうだ。

ところが、楽しみの目的が高い場所にあると人は努力をする。人が努力をしないのは、当然だが、低い所にある安い趣味をするために動いているからである。

私は今、エルビス・コステロのロックをヘッドフォンで聴きながら、鈴を鳴らすと女性がマッサージにやってくる環境で仕事をしていて、なんの努力などしていない。

本を書くことは苦手ではないからだ。

編集者が、「書いてほしい」と言ったテーマは、するすると頭の中に降りてきて、傍らに積んである哲学書を開いて、その一二〇〇文字の中からヒントを一瞬で見つけ、または若い頃に読んだ本の記憶が蘇《よみがえ》り、傷つけた人たちの涙や、語り合った友人の笑顔が浮かんできて、それらを頭の中でまとめて本を書いている。

三〇分ほど集中的に書くと、ベッドに横たわり、女がやってきて騎乗位になって、「何もしなくていいから休んでいて」と荒い呼吸で言う。

つまり、私は才能だけで仕事をしている。普通の人と私の違いはそれだけだ。

「それだけ」と言うくらい、みな天才に近づくことが可能だ。**世の中に不可能なことは多くあるが、凡人が天才に近づくことは実に簡単だ。**

しかし、天才に近づく優秀な人間がちっとも増えないのは、まず天才の自慢話や経験談を嫌うからである。

今、私がわざと書いたセックスの話に激怒した人だ。

仕事中に騎乗位で癒してくれる女など、たまにしかいない。たまにいるだけでもよいが。

私はというと少年時代から、天才の快楽話が大好きだった。今のセックスの話がそうだ。「すごいな」と感心していた。なのに、人々は天才の快楽趣味を嫌悪する。

人々の枷《かせ》になっているものは『趣味』である。

天才は趣味に没頭しない。

凡人は、決まって多趣味だ。

趣味を捨てればあなたも天才に近づける

私は天才ではないが、趣味もない。ちょっと車が好きなだけである。

その趣味に時間を費やし、使う小銭は大金にはならず、男が向上することはない。

趣味がなくてはつまらない生活にしてしまったのは、日本人が天才を拒絶してきて、庶民の暮らしに依存してきたからに他ならない。月の三万円の小遣いで済む遊びが日本の大人の男の趣味。仕事の疲れを取るため、家族と団欒《だんらん》するため。そこに、『渇望』

はなく、必死になることもない。

趣味とは安易に手に入るものだ。一方の天才的な快楽は安易には手に入らない。成功を目指す者は快楽を得ようとするから強い。

凡人は目の前の安いものを趣味として買う。
天才は、遠くにある高価なものを快楽のために買う。
または大きな名誉（数字）も求める。

改めて言うが、趣味は害悪という話だ。

「趣味はなんですか」と女性に聞かれることは多いだろう。あなたは、「映画観賞です」と答えたとする。「釣りです」でもいいし、「漫画を読むこと」でもいい。

しかし、あなたは分かっていない。同じ答えをどこかの女性に言っている男が、日本だけで何万人もいることを。

皆と同じ話をしているなんてどれほど退屈なのか。それでは天才とはほど遠いとしか言えない。趣味は、持っても語っても良いことは何もない。

あなたは趣味を捨てれば天才に近づける。

趣味がなくなれば、何かを探そうとする。その何かとは、『快楽』であり、『快適』なのである。それにはお金がかかるため、あなたは自分が「苦手」な部分の努力をするようになる。その結果、あなたは天才に近づいていくか、お金を稼げるようになるだろう。

最後に、私に親近感を持ってもらうために、私の苦手を教えよう。「筋トレ」だ。やらなければいけないのに、なかなかできない。私が筋トレの努力をするようになったら、私はもっと女にもてるのだろう。

第4章

「我慢」して得られる成功などない

一流の仕事をこなす天才の条件

天才の条件は、まず仕事ができることである。

仕事が他者よりもズバ抜けてできて、その人は天才と言われる。一見、天才に見える偏屈は多いが、仕事が二流だったらその男は天才ではない。

また、天才は愛嬌《あいきょう》がなく、一般人から嫌悪される。将棋の天才たちはニコニコ解説をしているが、あれは仕事だからだと思う。快楽主義者が多いし、仕事ができるために大金も得る。無学な者も多く、高学歴の男たちから嫌われる。

すなわち、大衆に嫌われている方が天才だと思われる。

イチロー選手のようにまるで無愛想なインタビューしか受けないのに人気があるのは、分かりやすい成績を残しているのと、スマートな容姿によるものだろう。イチローが熊のような顔でデブで、あの態度だったら、好きなスポーツ選手第一位ではないはずだ。

そう、イチローもそうだが、目に見えて明らかではないと、天才だと認められない天才も多い。

凡人は、気に入らない他人の「成績」「順位」にこだわるから、それが見えない天才は彼らから、「おまえは天才じゃない」と怒鳴られる。天才的な役者はいるが、視聴率が取れないと、「大根」と言われるものだ。

天才は倫理違反も好む。

愛人がいたり、クスリをやったり、セックスの乱交も好む。それらをしないとしても例えば、子供をあまり作らない。ずっとセックスしたいからか、自分に似ている人間を作りたくないからか、子供を作らない。天才と呼ばれる男たちが、不妊治療をしている様子もないことから、避妊したセックスにしか興味がないのだろうか。逆に、貧乏の子だくさんという言葉があるように頭が悪い男は子供を多く作る傾向にある。一般論だ。私見ではない。

そして、天才は埋もれていないということだ。

「俺は天才かも知れない」と思い、何もしないで寝ている中年の男が天才である事はない。天才は必ず出世してくる。

また、女に天才が少ないのは有名だが、芸術、仕事が男性的になっているからで、女は女の役割での天才がいるはずである。子育ての天才は多く存在するはずだが、子育てでは歴史に名が残らないのだと思いたいが、現実は女には天才が少ないかも知れない。

女は総じて平凡にできていて、良い意味で頭のおかしな人は少ない。一方の男は、異常者かそうじゃない人か、というくらい極端に生まれてくる。行動力を見ても、女は得をすることにしか向かわない。すなわち、無駄な動きをしないのである。計算通りにケーキバイキングに出かける。

一方、男は非常に無駄な動きをする。無計画に旅に出て、たまたま見つけた美味いものを食する。**天才は自分の快楽のためにリスクを負うもので、男はその傾向が強い。**

女は快楽のためにリスクは負わない。緻密《ちみつ》に計画を立てる。リスクを負わないと新しい物は生まないし、世間も驚かない。男はリスクを負う、女は負わない、と考えると、女には天才は少ないと結論した方がいいかも知れない。

そのせいもあるが、女は天才が大好きだ。天才は女にもてる。

あなたの興味は、「俺は天才だろうか。それに近い才能があるだろうか」だろう。

すでに答えは出ているが、あなたが他人よりも圧倒的に仕事ができ、例えば高学歴の男をどんどん追い抜いていけば天才に近い男だと思える。サラリーマンで埋もれずに、世に出てきてほしい。

私が認める真の天才は高いレベルを持続する男だ。一発屋は認めない。

例えば、ビートルズのポール・マッカートニーは、ビートルズ解散後も名作を残した。ビートルズ時代も含めると名曲はかなり多い。一方、イーグルスやレッド・ツェッペリンの中心人物たちは天才だったのだろうか、とよく疑問に思う。

さて、最後に私の話をしたい。

私は中卒である。少年時代は将棋の棋士を目指していた。妻も驚愕《きょうがく》する集中力を持っていて、なのに小学生の息子がぼうっとしているから、「将棋を教えてあげてください。あなたのように将棋を習わせたい」と、珍しく直訴してきた。

文章の勉強はほとんどしていなくて、読書も嫌い。ただし、書いている本は恋愛エッセイやビジネス啓発。本書のような哲学寄りの人生論だ。文学も書けるが、発表することができないなら、その才能はないのだと解釈する。

デビューして間もなく、ベストセラーを出し、その後も小さなヒットを続けて、「売れる作家」と言われて、出版社の偉い人から天才とも言われていたが、「一発屋かな」と思い、自分では天才とは思っていなかった。

しかし、最近、また連続してベストセラーが出て、そしてここからが重要だが、非常に多くの男から妬まれ、恨まれることから、ひょっとすると天才かと自惚《うぬぼ》れることもある。妬まれる人は天才か成功者なのだ。だが、自称天才も恥ずかしいから、「私は天才」とは言わない。ちょっとした成り上がりだと思っている。

仕事中毒になって引退する

私が最近興味があるのが、「ハッピーリタイアメント」「セミリタイア」だ。

小学六年生までは天国のような生活をしていたが、中学に上がると環境ががらりと一変し、神経の病気にかかってしまった。三〇歳くらいまで、それにかなり苦しんだ。なんとか快癒して、三〇歳からは念願の文筆業に就き、ベストセラーを出すようになってお金もできた。

「だけど、俺、遊んだことがほとんどないな。海外旅行に行きたい」

と、四〇歳くらいの時に思い悩んだ。

無名の作家としては異常に中傷もされていて、人生が、仕事、病気、中傷だけになっているような気がして、落ち込むことが多かった。

二〇一二年春に、「リタイアする」とホームページで発表した。そしてすぐに副業だった競馬の仕事を辞めた。これから、お金を貯めて、引退。またはセミリタイアを目指したい。

「即刻引退しろ」と毎日のようにうるさいが、著名な俳優やスポーツ選手にも同じことを言えるか。「引退する」と言っても、大人の事情があるのだが、それがネットオタクには分からない。まともな仕事もしてないのだろう。

私の場合は、息子が大人になるまでは完全な引退はできない。

セックスできるうちに引退する

私は少年の頃に、こんなことを考えていた。

「なぜ、子猫が産まれたら、誰かに上げてしまうのだろうか。親猫よりも子猫の方がかわいいのに。親猫を上げたらいいのに」

もちろん、これは間違った考えだ。親猫はずっと飼っていた猫。愛情を注いでいるし、本人もその人になついている。子猫がもらわれていくのが当たり前である。

「なぜ、若くて体力のある若者の給料が安くて、体力もなくなったお爺さんに大金を渡すのだろうか。お金があっても遊べないじゃないか」

二〇代、三〇代の若者の年収を何千万円かにして、老人は年金だけで十分だ、と私は考えていた。これはそんなに間違っているとは思っていない。

セックスを例に書くと、また「中卒の頭の悪い奴」という罵声《ばせい》が妬み族から浴びせられるが、あえて書くとセックスはお金がかかる。一番強いのが二〇代の頃。明らかに無理になってくるのが六〇歳を過ぎたら。若い私は、「六〇歳を過ぎたお爺さんが、銀座で若い女の子に大金を使って、何をしたいのか。朝までセックスもできないくせに」と失笑していた。

自称快楽主義者としては、セックスができるうちに引退したい。

あなたはどうか。

ワーカホリックになれ！

私は、「ワーカホリックになれ」と言っているが、それは若者に対して。もしくは、ニート、フリーターに対して、「少しは国に貢献してくれ」と言っているのだ。

あなたを洗脳する道徳という悪魔は、あなたを過労死、もしくは自殺に追い込んでいる。

「無駄な遊びはしてはいけない」

無駄とはなんだ？

つまり、お金だ。庶民を安心させる道徳は常に、お金を目の敵にする。

あなたは死ぬほど働いた。途中、自殺も考えたし、心療内科にも通った。薬も飲んでいる。

私の同志だ。

南の島に遊びに行く時は、無駄なお金、無駄な本、無駄なお酒を持っていくのだ。

そして、若さが残るうちに堪能できるセックスをしてほしい。

大橋巨泉、ライオネル・リッチー、上岡龍太郎、島田紳助……引退、もしくはセミリタイアした有名人は多い（ライオネル・リッチーは近年復帰）。

彼らは悠々自適の生活をしている。俗世と関わらなければ、ストレスはないだろう。

「無駄な遊びはするな。ずっと質素に暮らせ」という道徳は、「退屈な人生が人の生きる道」と、威張って言っているようなもの。平凡人間を生産することが、世界改良家たちの共通した思想か。

あなたは中毒のように働き、賢明な女からそれを絶賛されたら、中毒のように遊ぶ引退を目指してほしい。それがどれだけ、世の中に貢献するか。そのどちらもできない男たちは、なんとか立ち上がってほしい。

やりたい仕事以外はするな

一流の男は、とにかく「楽しんでいる」。
「仕事が辛い」と悩みながら、稼いでいる人はほとんどいない。

どんなに自分が好きな仕事でも、「簡単」というわけではないはず。「成功するだろうか」「持続できるだろうか」というプレッシャーはあるはず。だからと言ってそれが、「辛い」「苦しい」となっては話にならない。病気になってしまう。

私は快楽主義だと言っているが、暴飲暴食して病気になったり、薬をやって体を蝕《むしば》んだりすることは快楽だと思っていない。一時、快楽かも知れないが、長い期間、入院生活に陥ったら、それは快楽ではない。「里中、快楽主義だって言うなら、ドラッグをやってみろ」と言うわけだが、死んだら快楽じゃない。

今の仕事を辞めたら、新しい仕事が簡単に手に入る時代ではない。だが、嫌いで苦しい仕事をやっているうちは、お金も手に入らない。給料が一五万円で我慢するか、コンビニなどで働きながら、「機」をうかがうか、ということだ。

「お金持ち」を妬《ねた》まない

お金の話をしたい。

人の幸せの概念をその人は明確には説明ができない。あなたが本当に欲しいものがなんであるか、それがあなたには分からないのである。

なぜ、分からないかは、あなたが夢を叶えたことがないからだ。当たり前だ。夢だから、未経験なのだ。

私は、お金を持つことが一番の快楽だと思っている。なぜなら、通貨制度が最強だと分かっているからだ。通貨がなくなったら、別のモノが最高の快楽になるだろうが、今の時代は通貨だ。

あなたが、お金持ちになることを幸せになること、または夢だとしても、その経験はないから、実はそれが達成しにくい。人は、未経験のことに対して、それを目標にしても、何をしていいのか分からず、多くの人は挫折する。

「結婚は未経験でも、皆、結婚している」

と反論されると思う。それにも理由がある。結婚している人は周囲にたくさんいるが、お金持ちは周囲にいないのだ。だから、お金持ちになる実感が湧かない。存在しない宇宙人を探して、「宇宙に連れていってもらう」という話みたいだ。

あなたがするべきことはまず、「私はお金持ちになった」という人の本を読むことだ。間違っても、「年収三〇〇万円時代の生き方」みたいな本や雑誌を読んではいけない。その本や雑誌を手に取った時点で、あなたは負けている。

そして、「私はこうしてお金を稼いで、とてもハッピーに暮らしている」という人の話を決して妬まず、楽しく読む。「俺もこうなりたい」「そうだったのか。こういう上昇志向でいけばいいのか」と、手を叩くのだ。

人生を人一倍楽しむにはお金が必要だ

では、私がお金を持って、楽しかった話をしよう。今から書いていくことを、「里中の自慢話だ。ムカつく」と思う人は、お金持ちにはなれない。

もっとも楽しかったのは、ラブホテルに行かずに済むこと。

女とのセックスは常に、高級ホテル。スイートばかりというわけではなく、中間くらいの部屋にしている。スイートルームは広すぎて使い道がない。あるとすれば、乱交だが、それぞれの経験もある。そう言っておかないと、「スイートの使い道が分からない？　大した奴じゃないな。スイートには女を集めるんだ」と、必ずと言っていいほど、挑発メールが来る。

お金があれば美女が近寄ってくる。それが汚い話と言うなら、あなたは風俗に行っていないのか、と言いたい。どちらかと言えば、自分で女を集めて、ホテルのスイートで複数プレイをしている方が健全だ。

ホテル内には、ちゃんとしたレストランがあるし、スパもある。プールもあるし、医師も常駐している。好きな女とのんびり過ごすには、本当に楽しい場所だ。スパで美女にフェイスマッサージをしてもらった後、部屋で美女とセックスという経験も多い。こんなに楽しいことはこの世にあまりない。ちなみに「たまに」だ。そんな楽園みたいな生活をいつもしていない。私は大金持ちではない。

発泡酒や雑酒を飲んだことがない。マックや吉野家などは行かない。食事もほとんどデパ地下で買っている。西友やイトーヨーカドーなどではたまにしか買わない。刺身に差があり過ぎるし、国産和牛もスーパーにはあまり売っていない。

昼はちゃんとした手打ちの蕎麦やうどんを食べている。車は今は国産車だが、ずっとBMWに乗っていた。

息子が一人いる。その息子には贅沢《ぜいたく》はさせず、私立の学校にも行かせないのが私の主義で、埼玉県に住んでいるが、学校のレベルは公立で十分である。余計なことにはお金は使わない。子供の教育ほど余計な無駄遣いはない。生き方や男らしさを教えるだけだ。

雑誌『プレジデント』を読んでいても、必ず、「子供の教育費にいくら」というデータがあって、そこで苦しんでいる家庭が多いことが分かる。今どき、高学歴なんか役には立たず、愚行としか言えない。子供が、「良い学校に行きたいから、塾に行きたい」と言ったら、「塾に行かないと、良い学校に入れないなら、おまえの実力はその程度だ」と一喝するだろう。

それに、子供は遊ばせるのが一番大切なのだ。それも父親の私が頭の柔らかい快楽主義者だから。

風俗遊びと無駄な飲みをやめる

東日本大震災があった年、出した本がまったく売れずに、一瞬、青くなったが、意外とお金が減らず、すぐに回復。実は私にも節約している部分がある。

①風俗遊びをしない。
②子供の教育にお金をかけない。
③デパ地下で買い物しているが、実は一日二食か一食しか食べない。
④無駄な飲み会に出たり、どうでもいい人とは絶対に飲まない。

この中で、風俗と無駄な飲みをしている男はとても多いはず。お金が残らないと思う。特にキャバクラはお金がないのに行く所ではない。

さて、あなたの近くに、私のような男がいるか。

いないでしょう?

だから、あなたは、お金持ちになれないのである。

その打開策は、私よりもお金を持っている人の本を読むこと。有名なお金持ちの本を読むこと。そして、お金を持っている男がいる場所に出向くことだ。

一カ月に一回、高級ホテルのバーで飲む。

それでいい。

そして、それを楽しむこと。葉巻を買って吸ってみたり、隣の人に声をかけてみたり、美女を観察するのもいいだろう。

「ああ、こんなに楽しい世界があるのか」という快楽にどこかで必ず出会える。そのときに、自分が、「苦しい」「辛い」と感じながらやっている仕事を辞める決意が生まれるだろう。

ずっとその楽しい世界にいたいと思うからだ。

最後に、簡単な話になるが、「仕事が苦しい」のはたんに給料が少ないから。

年収一五〇〇万円にもなれば、多少辛い仕事でもやりがいが生まれる。または嫌な問題のストレスを休日に解消できる。

それすらも生まれないのは、年収が五〇〇万円以下だからに他ならない。

お金なんだよ。最強なのは。

お金なんだ。

三〇歳で夢を捨てよ

夢は美しい?

夢は素晴らしい?

私はもはや疲れてしまい、誰かの、叶わない夢に同情する気力を喪失した。

夢は周囲に迷惑だ。

無邪気に、ただ、情熱的にそれを目指し、何も生まない。違うだろうか。あなたの夢は何かを生産しましたか。

達成しない夢など、モーターショウに出品される未来の車と同じで、ただの空想。そのほとんどの車は現実には作られない。お遊びとも言える。

夢は三〇歳で捨てた方がよい。

見ていられない。

悲しくて、そして惨めで、それを我慢していると怒りさえ覚える。

働きなさい。

甘えていてはいけない。

何が、「ミュージシャンになる」だ。あなたは何歳なんだ。周囲には迷惑になっている。あなたが路上や公園で弾くギターも、必死に働いている男たちが見たら不愉快なのだ。

急に道徳的な話になっていることに疑問を持った読者は優秀だと思う。私は徹底的に悪徳をほのめかし、セックスの話に興じていれば、稀代《きたい》の変人として名を残すかも知れない。しかし、私もとことん嫌われるバカでもない。

私は「甘え」を嫌悪している。

大人になれない、すなわち、現実を見られない男が職に就かず、ネットカフェを転々としていることを許しているのは誰か。この国を滅ぼしたい巨大な左翼なのだろうか。大人の男たちの甘えを歓迎しているのは、税金を奪う時は完璧にほくそ笑んで奪っていく国税局か。労働者からむしり取ったその税金をいかにもいい加減に、彼らにばら撒《ま》くのが目的らしい。

あなたは今、「むっ」としなかったか。もう一度、言おう。**労働に労働を重ねたあなたの給料から、一円たりとも逃さずに税金を国は奪っていき、何億円という税金を適当にばら撒いているのである。**そのばら撒かれた税金は、不正に受け取った外国人や、「俺はまだ夢がある」と叫んでいる中年にもなる男に配られていく。

ここまであからさまだと、働いている者には厳しくし、働いていない者は優遇しているのが明白で、それは国を滅ぼしたい何かが動いているとしか言えないのである。それが私の妄想なら、どれほど役人の頭が悪いのかという話になるが、彼らは高学歴なはずだから、お金の計算くらい容易《たやす》くできるはずだ。

中年の「夢」は単なる「俗気」にすぎない

夢ほど幼稚なものはない。少年の頃は美しくても、中年にも近づけばただの俗気にすぎない。

いつまでも夢が捨てられないのではなく、いつまでも俗気が抜けないのである。人の夢をここまで叩いた私は、この段階でかなりの悪者になったはずだ。大好きな女優さんにも二度と会えないだろう。

そう、私の快楽はこれにて完了した。なんと気持ちよい話を書いたのだろうか。この破滅願望を見習ってほしいものだ。夢など、壊していくためにあるもので、ずっと描き続けていくものではない。**大人になればそれが分かる。**

あなたの夢は三〇歳にて潰《つい》えた。十分、楽しんだではないか。

「夢を捨てて、これからどうすればいいのか」

そう、夢だけに生きてきた誰かが言う。

働くのだ。

決まっているじゃないか。

夢ではなく、私のように自由、快楽、お金を追求してほしい。

それらは、働く者のためのご褒美だ。

あなたは、夢を捨てて労働に労働を重ねた一握りのお金で、街の雑居ビルで働く、少女の乳房に触れることができるだろう。その少女には稚気をあらわにした夢があり、その話を聞けば、あなたは自分が大人なんだと気づくはずだ。

（注）少女とは未成年のことではありません。

あなたは今の仕事を語れるか

成功は、好きな仕事をしながら、その好きな仕事を誰かに語ることだ。どんどんモチベーションを上げていく事で、さらに成功を持続できる。多くの成功者が自伝などの本を出しているように、自分の好きな仕事で成功している人は、語りたくて仕方ないのだ。

あなたは自分の仕事を語れるか。

寡黙に忍耐の努力を続けていれば成功するのではない。
その仕事で笑い続けることができれば成功するのだ。

スティーブ・ジョブズはアップルの仕事が嫌いだったか。タイガー・ウッズはゴルフを憎んでいて、イチロー選手は野球にうんざりしているのか。

成功者たちが口を揃えて言っていることを私のような一介の物書きが言うまでもなく、あなたは好きな仕事をしなければ成功しない。

例えば、あなたは今の仕事が苦痛、または今の仕事に苦悩していて、精神安定剤を飲んだ。それを友人に語り、自分を慰めているのでは、あなたはお先真っ暗である。私も苦痛な仕事があったから、それを休養している。苦痛な時は薬を飲み、それを妻に愚痴っていた。結果、その仕事はどんどんレベルが下がっていった。

人は、言葉を使って、相手とコミュニケーションを取るから人間なのだ。

あなたが必死に仕事について語ろうとしているなら、あなたは人間として優秀なのである。

話の分からない上司は永久に話が分からない。時代が違う親も永久にあなたを理解しない。

しかも、話が分からない多くの男たちは禁欲主義者で、成功を得るよりも、現状維持に徹する。そして、あなたとは違い、薬も飲まず、痛飲もせず、何よりも語ろうとしない。もう、人生の成功をあきらめた人は語らない。

一方のあなたは成功を目指しているから語りたい。自分の仕事に対する信念を。

……けれど、彼らは仕事は生活のためで、成功のためではなく、人の生活は語れるほどの世界ではないから口を閉ざす。

言うまでもなく、彼らの目的は生活の維持で、あなたの出世、成功に協力するはずもない。

あなたは勘違いをしている。

周囲があなたに協力してくれると。

お互いが成功するためには協力するが、片方が成功を目指すのは、「リスクを負う」「今さら」と思っていては、協力などしない。

あなたが成功するためには、あなたは今の苦悩する仕事を辞めて、いったん一人になり、そこから再スタートするしかない。

あなたは車や女について語ることができるだろうか。

私はできる。

車や女で成功しているからだ。そして車や女が大好きだからである。

語ることができる世界があったなら、あなたはその世界で成功をしていると言っても過言ではない。ただし、小さな趣味で極めた世界を語ってもそれは成功ではない。

その趣味はお金にならないからだ。聞いている人にもお金にならない。

あなたの仕事は、私のような一人で創作する仕事だろうか。お店のように数人で頑張る仕事だろうか。会社のように組織になる仕事だろうか。

あなたは常に、「誰が自分の人生を左右する人間か」見極めて、その人に自分の仕事について語らなければいけない。

それを熱心に聞いてくれれば、あなたはその場所で成功するかも知れない。

逆に、あなたが「この人だ」と思って、話を持ちかけてもその人は聞く耳を持たず、嫌がった場合、あなたのその仕事（職場）に未来はない。

「この人だ」と思った男に裏切られたあなたは、痛飲するか薬を飲む。それが、成功が遠のく第一歩だと思っていただきたい。

成功は「笑い」とともにあるのだ。

ニートに発言する権利はない

大阪に有名なドヤ街がある。

仕事のない男たちが集まる街になっていて、五〇歳以下の男たちは、「日雇い」の仕事を毎夜、探し続け、簡易宿舎で寝ているか路上で寝ている。高齢になっている男は簡易宿舎で生活保護を受けながら、生きている。ボランティアのスタッフが、病気の高齢者の面倒を見ているのだ。老人ホームとも言える。

簡易宿舎は一泊一〇〇〇円くらい。その一泊一〇〇〇円が払えずに、簡易宿舎から出る男たちもいる。リーマンショック以来、日雇いの仕事が激減し、彼らは生活保護に頼るようになってきた。生活保護は月に一〇万円から一三万円。税金はかなり使われている。

彼らは、こう言う。

「俺たちは国に利用された」

と。日本が経済成長を遂げる過程で、労働者として働き、干された、ということ。利用された？

では、労働を続けていた二〇代、三〇代の時に、自分の未来はバラ色に見えたのか。

なぜ、年金に加入していないのか。

なぜ、預金がまったくないのか。

そんな備えがあって、今、生活ができていたら、そんな愚痴も出ないはず。

その地区に集まってくる理由も分からない。島や山奥で、自給自足の生活はできないのか。地方に行って、仕事を探すことは不可能なのか。

無論、高齢者に言っているのではない。まだ、働ける男たちに言っているのだ。

「俺には学もないし、ここで日雇いの仕事を探す日々。それでなんとか生きるしかない」

里中李生にも学はないが……。学歴がないから、仕事がない、というのは言い訳だ。よくテレビで、漫画喫茶に常泊している男たちをインタビューしたり、職がなくて困っているという男に、話を聞いたりしているのを見て、私は疑問に思うことがある。

「○○の仕事を辞めて、ここにきた。仕事がない」

「前の仕事を辞めちゃったら、仕事がなくなるのは当たり前だよな」と首を傾げてしまう。そんなことも分からないくらい、頭が悪いのだ。

なぜ、前の仕事を辞めたのか。派遣切りが流行った時にも、「正社員を辞めて派遣になったら、いつのまにかクビになっていた」。はあ？　何で正社員を辞めるのか。

私は、人のせいにする奴は認めない。

国に利用された？

あんたが、「これで大丈夫」だと勝手に思って、労働していたんでしょうに。

働かない者に搾り取られる税金

私は今、本を書く仕事だけで生活しているが、「これで大丈夫だろうか」と不安になって、いろんな貯蓄をしたり、保険に入ったりしている。保険なんか私のためではなく、妻のためだ。

年金は、正社員とバイトを繰り返していた私の過去の年金記録が消えていて、「今から払っても、将来もらえないかも知れない」らしい。だから、個人年金に加入している。ちなみに、国民年金を今から払っても、将来もらえないかも知れないのに、今、年金を受け取る人たちのために私は毎月一万五〇〇〇円払っている。

税金、年金、国民健康保険。毎年、何百万円と請求が来る。即、払えない時もあるくらい高額だ。その私の税金は、「国に利用された」と言っているバカに使われていく。

そんな、ちゃんと働いていた人たちにも苛立ちを覚えるのに、今のニートと呼ばれる男たちには、殺意すら感じる。

働き盛りの二〇歳から三〇歳で、無職。

日がな一日、ネットをしていて「ネットの世界しか認めない」と私にも言ってきた。

「里中はブログもツイッターもやめた。終わったな」

終わったどころか執筆依頼が殺到しているが、部屋から出ないで、ネットしか見ていないから、紀伊國屋書店に足を運ぶこともないのだろう。ニートは、親の金、もしくは生活保護を受けているのに、口が達者だ。

いわゆるネット右翼で政治を語る奴。アイドルの中傷を毎日している奴。ヤフーコメントに書き込むだけの生活をしていて、偉そうな奴。2ちゃんねるを二四時間、閲覧して書き込みをしている奴。

なんとか奴らを牢屋にぶちこむ法案を作れないのか。橋下徹市長が、「ニートは拘留の上、労役を課す」という発言をしていたが、彼は本当にやってくれるのか。

なぜ、我々が尻拭いをしなければならないのか

努力を重ね、実績を作り、責任感の塊で仕事をし、税金をたっぷり取られて、何も言わずに日々、働き続けている男たちと、口だけ達者なニートや生活保護受給者たちと、なぜ、同じ人権なのか。なぜ、助けないといけないのか。

東日本大震災で、不慮の被害に遭った人たちは、私は助けたい。ずいぶん、寄付もした。職を失ったのも、家をなくしたのも天災だからだ。

だが、健康体で生きてきて、今、職を失っている若い(六〇歳以下の)男たちは、サボっている、その尻拭いをなぜ、我々、頑張っている男たちがしなければいけないのか。こっちはこっちで、自分の貯蓄が欲しいのに、それを彼らに取られていくのだ。

将来もらえないかも知れない年金を払う法律があること自体、国のシステムが破綻していて、財産権の侵害で本当は国を告訴できるのである。

ニートが私の本を読むとは思えないが、自分たちが、どれくらい社会に迷惑をかけ

ているのか知ってもらいたい。
おまえたちを守っているのは、きちんと働いている人たちなんだ。
それが恥ずかしいと思うなら、一日も早く仕事に就いてほしい。

「忍耐が美徳」という社畜な生き方を捨てる

「忍耐」「我慢」など、成功にはあまり関係ない。

そういう体を動かすことや疲れることではなく、成功するにはリラックスした精神状態と人の何十倍の欲望が必要なのだ。

努力の場合、『苦手』を補うためにするのであって、「総合的」に何か仕事をしなければならない場合、その中に苦手なことがあれば、そこを努力するのが成功への早道と言えよう。

体操の内村航平選手はあん馬が苦手。だが、床をはじめ、他は得意で、あん馬を克服して金メダルを取った。あん馬を人一倍、努力したのかも知れない。

お金持ちは努力を怠らないらしいが、才能がある男は、そんなに努力、努力と頑張っているようには見えない。仕事を楽しんでいるように見えて、忍耐を感じさせる努力はしていないかも知れない。しかし例えば、将棋のトップの男たちは努力をしている。そしてタイトルを取る。

私の友人に、私と似ている男がいる。年齢は四〇歳。好きな女の傾向も政治の思想も似ている。快楽主義で女にもてて、持病もあり、読書家で才能が開花する条件は揃っている。

ところが、彼は馬券を買うお金もないくらいに貧乏だ。

何か根本的に間違っている考え方があるのだと思い、ある日、聞いてみたら、やはり、忍耐や努力が実を結ぶと言っていた。

成功するためには、タイミングを虎視眈々《こしたんたん》と狙って、いったん、今の仕事をリセッ

トしないといけない。私も物書きになる直前に、会社を辞めた。**無になった状態から、新しく生まれ変わるのが成功だ。**

彼は社畜的に働いている。早朝から出勤だ。それは生活のためで、それを辞めたら、あっという間に食うに困ってしまう。だからと言って、それを辞めないと、起業はできない。私のこの本が二〇〇万部売れたら、彼を助けたいのだが……。

「夢」と「成功」の決定的違い

多くの非成功者は、ずっとお金にならない忍耐の仕事を続けている。

男のマゾヒストが女をつけ上がらせるように、社員の忍耐の仕事に歓んでいるのは会社なり上司。人は他人のために働いているのか。それではいけない。自分のためじゃないといけない。

成功とは、あなたが一人で快楽に歓ぶか、両者が歓ぶか、なのだ。

私がベストセラーを出したら、私と出版社が歓ぶ。これが成功の一種だ。

私が美女を抱いたら、私が歓ぶ。これも成功の一種だ。

だが、あなたが忍耐、我慢を続けて、会社が歓んでもそれはあなたの成功にはなかなか到達しない。


本書では『夢』と『成功』を区別している。

夢はものすごく曖昧《あいまい》で多様化できる。お爺さんになって、「正月に孫と会うのが夢なんだ」というのも夢。家からゴキブリを根絶させるのも夢。そうかと思うと、ホノルルマラソンで完走するのが夢という大きめの夢も夢だ。

一方の成功は生活の範疇《はんちゅう》ではない。うかつには口に出せないし、夢と違い、「仕事」に括られていて、男っぽい。思春期の少女が見る恋愛の夢も夢ならば、中年の男が、子供や妻に託す夢も同じような感性の夢。一方の成功は、その言葉を少女は使わない。

「中年になったら夢を捨てよ」

と死刑を宣告しているような言葉を使っているが、憧憬《どうけい》的な夢を大人が語るのは恥ずかしいと言っているのであって、快楽、成功をまだまだ追求するのは良いと思う。

まず、友人の彼には自己啓発セミナーに行ってもらいたい。そしてなんかとしてお金を貯めて、いったん忍耐の仕事を退職し、起業のために邁進《まいしん》する。それしか成功の道はない。

第5章

一度きりの人生、快楽的に生きてみないか

友達は贅肉《ぜいにく》だ

「友達」という言葉は、若い頃の私に大きな、「甘え」を与えた。
あなたもそうではないか。友達という甘い囁《ささや》きに依存し、万事に安全だと思い、危機管理能力もなくしてしまう。それが、「友達」ではないか。

さらに、下世話な言葉を連ねると、友達は時間を食い、金をなくし、あなたを傷つけることばかりに終始し、教養などほとんど与えてくれることはないのである。

違うだろうか。
もし、「そうだ」と手を叩ける人は、貴重な時間で勉強してきた経験者だと思う。
未熟な男は、特に幼稚園児のように、「友達を一〇〇人作ろうかな」と歌を歌っているかのような頭の悪さをさらけ出し、日々、友達と呼ばれる無意味なものに時間を費やし、それを時には、「夢」と勘違いし、または、「財産」だと信じて、あなたにその言葉を投じた善い人の教えに疑問を持たずに暮らしている。

『楽しくなるための友達』と割り切るのは良いだろう。

例えば、ゴルフに行くための友達。ゴルフ人口も減っているし、ゴルフをできる知り合いに会ったら、その男と友人関係を築き、ゴルフを一緒にラウンドする事は悪くない。私はそんな何かをする目的がある付き合いは友達という。

しかし、あなたはその男にそれ以上を求めてはいけない。

あなたが成功したいなら、ということだ。

「ゴルフのない日は、飲みに行きましょう」。これが堕落の始まりになる。友達は、成功するための日常に『不要』なのだ。

夜の街を見てみるがいいだろう。

居酒屋で、会社の友達（？）と飲んでいる男たち。学生時代の友達と飲んでいる男たち。彼らに成功者のオーラはない。そう。目的もない。飲み歩くのが目的なのか。

それは低俗すぎると思う。

あるとすれば、もっとも無意味な理想主義がそこに臭っているだけだ。

あなたが決して成功を望まないなら、または一流と無縁でいいのなら、ここまで読んで、この本を閉じてほしい。

女は、友情を持てないので成功するのだ。

女の成功とは結婚して、子供を産むことだ。そして、一人の男に愛されるのである。またはお金をもらうこと。それも生きていくために悪くない。

友情を持てない女は、男に愛情を注ぐことで成功を収める。一方の男は、大半の人間が隷従願望はない。誰かの奴隷になりたいという感覚は少なく、男同士で自然な平等関係を構築していく。だが、それが厄介なのは、五歳も年下の男や一〇歳も年上の男と平等な関係を無闇に作り、一週間が七日しかないのに、八人以上も友達を作ってしまうことだ。すると、

「里中李生は友達がいない哀れな奴。友達がいる人生は幸せだ」

と言うわけだが、私は幸せには興味がない。

興味があるのは金と車とペニスの勃起だけで、あなたも嘘を吐《つ》かずに、そう嫌われることを言えばよい。

私にも友達がいるかも知れない。数えてみたら、五人くらいいた。だが、その男たちを、「友達」と呼んでいいのかとまどう。よく会えば友達なのか、年に一回でも友達なのか、友達の定義があいまいなのだ。また、悩みや愚痴を電話したら、「眠いから、また今度」と冷たく言うのも世間では友達らしい。

しかし、男と女はセックスがあり、「好きだよ」とよく言い合うから、分かりやすく、疲れない。

そう。あなたには女と、助けてくれる、「信頼できる男」がいればいいのである。

信頼できる男とは、あなたにしか分からない。私には分からないのだ。

あなたを裏切らない。あなたを堕落させない。あなたのお金を奪わない。あなたの時間を奪わない。

それがあなたの本当の友達かも知れない。

裏切らない。
堕落させない。
お金と時間を奪わない。
それを考えると、友達はかなり絞られることになる。
友達は贅肉だ。
絞らないといけない。

経験のないことは語るな

分からないことは人に訊く。

今、ネットでなんでも調べられるから、「俺に訊かずにネットで調べろ」という人間が増えた。そのため、人と人との会話が減っている。ネットでちょっと調べて、「自分は知っている」と自慢げになる人も多い。

人には専門の分野がある。知らない分野はその分野に詳しい人に訊くのが当たり前で、恥ずかしくもない。それを嫌がる人とは付き合わないことだ。

分からないことを上司に訊く。それを熱心に教える上司。そこから信頼関係が生まれる。**何も訊かずに、何も会話を持たずに、「僕は知ってますよ」という顔の若者がいたら、その若者は成長しない。**

行動こそが男を輝かせる

末期的な人間とは、いや、もともとその人間にはピークもないのだろうが、似合わないことをしている人間だ。

俗語を多用するが、デブの童貞がポルシェに乗っていたら、こんなに恥ずかしいことはないのだが、本人は親からのお金でポルシェに乗って、それを自慢している。いや、親のお金ではなく、自分が稼いだのかも知れないが、まず肥満を治すことにお金を使わないのが、その人間の能力不足、人間的な行動力の欠落を証明している。

ルイヴィトンの似合わないおばさんや女子高生。肥満のグッチ。逆に、お金持ちの庶民志向も何か企みがあるのだろう。あるファミリーレストランを絶賛していた著名人は、そのレストランの社長と友達だった。滑稽《こっけい》な話だ。

本項では『恥』について書いている。

羞恥心《しゅうち》が消失した時代。

女からは、もう、羞恥心なる観念はない。

汚い言葉を平気で使い、元彼とのセックスの話が得意。

三島由紀夫が生きていた時代では、男にとっての羞恥心とは、『未経験』であった。

むしろ、悪意を所有する男の方が経験を行動的に積んでいき、悪徳を持ってさえいても、その男は輝いている。

一方、真面目に生きてきた脳なしは、学歴が高いというだけで、未経験も想像や知識で語れると勘違いをし、究極の恥を時代の流行のネットに晒《さら》している。

有名大学を卒業していても、女の経験がないようでは、男としてはなんの役にも立たない。しかし、多くの男たちは、経験のないことを喋《しゃべ》りたがる。

セックスに関しては、童貞でも、嗜《たしな》んだ程度でも、経験が豊富な男に食ってかかる。

女に対するプライドなら理解できるが、恐らく、経験数四〇〇〇人のミック・ジャガーにも、「おまえのセックスは大したことがない」と批判している男たちは多いのだろう。

「経験」こそが本物の快楽だ

現在、我々は情報化社会の中を生きている。**知識は混在し、乱立し、あなたの頭の中に侵入してくる。それが、ある種の快楽になっているようだが、本物の一流になるには、『経験』が必要だ。**

男の快楽で言うと、本物の高級車に乗る事が経験の快楽。いろんな形の乳房を触ることが経験の快楽。モーターショウやアニメやDVDで見ただけでは、それは本物の快楽ではない。

男たちは、今日も語っている。

ネットで読んだことやDVDで見たことを。

あたかも経験をしたように。

いや、時代は、見るだけが経験になったのかも知れない。

女の乳房に触らなくても、それをDVDで見れば、それが経験になる時代なのだろう。それくらい、未経験を語る男たちは饒舌《じょうぜつ》で偉そうだ。

私は一六歳の少女と少しばかり付き合ったことがある。だから、少女の美しさ、純朴さ、残忍さを語ることができる。一方で五〇歳以上の年増を知らない。だから、「崩れた体に哀愁を感じる」というポルノ小説の一文のような台詞は言えない。

私の自慢と誇りは、未経験のことを本に書いてこなかったことだ。

悩んだら
女を抱け

自殺は生きる上でのすべての苦悩から解放されるための手段だと言う。

あなたが今、苦悩しているとしよう。

それが、「すべて」ではない。

勘違いしてはいけない。騙されてはいけない。思い込んではいけない。

悩める絵画の片隅にはゴッホのひまわりが描かれている。あなたの心の闇にはまだ太陽が見え隠れしているのだ。

太陽は女だ。

今、あなたは、「女は自分の近くにいない」と思ったに違いない。それが、思い込みだと、さっきから言っている。

仕事をしている今、私の近くにも女はいない。女がいつも傍にいるなど、母親と幼児の関係ではないか。普段は近くにいないのが当たり前だ。

女の乳房は太陽。膣は心地よい秋雨。白い肌は流れる雲。柔らかい皮膚はそよ風。セックスの時の声は稲妻にもなるが、決してあなたに傷は負わせない。

苦悩しているあなたは、女を抱かないといけない。

その女は、あなたを騙すかも知れない。それは誤解だ。あなたは騙されたのではなく、愛されなかっただけなのだ。

愛されず、失意のうちに死ぬ男もいると思うが、女を抱いて、快楽の射精をした後に自殺するなら、もう救いようがない。ただし、かつてニーチェの作品の人物ツァラトゥストラがこんなことを言った。

「女性をもっとも危険な玩具として求める」

女を求めて酷い目に遭っても、それは当たり前と言える。

それでもなぜ、女なのか。

あなたの最悪は死ぬことであり、世の中の最悪は戦争であり、親の最悪は子供に殺されることであり、女での失恋など、最悪のランキングに入らないのだ。

しかも、セックスを何度かしてからの失恋だったら、大金を手にした後の借金みたいなもので、一度は女を楽しんだのだから、それで自殺するのでは、「あなたは人生が完璧に楽しくなければ自殺するのか」と説教を言いたくなる。

女の体は戦う男の安らぎの場

自殺をする一番の理由は経済的な問題だ。

仕事をしても食べていけない。借金がある。……リーマンショック以来、自殺する人が増えた。にもかかわらず、国は税金を上げて、庶民をもっと自殺に追いやろうとしている。

あなたが増税に賛成なら、あなたは確実に生活に余裕があり、女もいるのだ。あなたは我々の敵だ。官僚か、それとも資産家の息子か。私はあなたを軽蔑《けいべつ》する。

銀座や六本木で遊び、料亭で飲んでいる政治家や経済界の自称偉い男が増税を企みながら、その税金で女とセックスをしている。人類は平等に生まれてきたが、進歩するに従い、不平等になり、負け組は常に自殺を意識する苦悩の生活を強いられている。

あなたが自殺を回避するためには、もはや、「愛」と「セックス」しかない。愛し合うのが奇跡でもセックスは日常だ。

夜の街に行けば、どんな男とでも寝てくれる女は必ずいる。女の体は戦士である男の安らぎの場所として、神様が創造したもので間違いないのだ。

女がセックスをやめるのは、母親になった時だけで、セックスをしない女は神を裏切った罪人であり、そんな女は軽蔑してかまわず、自殺する前にセックスをしない男は、「セックスをしよう」というアイデアを浮かばせることができない頭の悪い男だと言いたい。

あなたはきっとこう反論するだろう。

「僕のセックスは特殊だから、セックスができる女が見つからない」

そう。**セックスは多様性を認められていない。**

趣味が多様性を認められ、映画観賞、野球観戦、釣り、モータースポーツ、毎晩の深酒までも認められているのに、セックスでは、正常位で正しく勃起し、最後に射精をする、というモラルが大前提として君臨し、あなたを苦しめている。

それが楽しいではないか。

快楽とは、特殊なことを成し遂げることを言うのだ。

あなたの特殊なこととは勃起不全か高すぎる理想か。

どちらも女を抱くには、厳しい壁になるが。

——それを『克服』するのが、生きることなのだ。

正義は勝てない。だから快楽を求める

あなたが誰かに中傷されて、それをネットに書かれた。内容は嘘ばかりで、あなたの名誉を傷つけるもの。だが、警察も弁護士も法務省も何もしてくれない。

「匿名で書いたものが勝ち」という世の中だ。

あなたも今に、ひどい目に遭う。だが、「書かれた方が悪い」と、警察が言うかも知れない。**匿名は悪。それを感じる人が少ないことで、人は退化している。**

あなたの中学生の子供が虐めで自殺をしてしまった。だが、「加害者に人権がある」

と言われ、加害者が守られる。ひょっとすると、加害者中学生にはボディーガードが付くかも知れない。

矛盾ではない。悪が正しいのだ。人を殺す人は守られる。

だったら、人を中傷する奴など英雄とも言える。その証拠に、ネットの誹謗《ひぼう》中傷はとどまることを知らない。

私は、三〇歳の時に競馬の仕事を始めた。すぐにネットに悪口を書かれた。女性騎手の写真集を撮った。彼女を守るために口を閉ざした。ネットには、私の悪口でいっぱいになった。

三六歳の時に、「女性にスカートを穿いてほしい」という本を出した。女から抗議が殺到した。

三九歳の時に、経理上のミスで申告漏れをした。「脱税だ」とネットに書かれた。長く競馬の予想をする仕事を副業としてやっていた。「詐欺師」だと言われ続けた。

四六歳の時、私は疲れ果てて早くにリタイアする決意をした。闘争の人生。

なんの意味もなかった。

疲れることが人生なら、そんな人生に用はない。死ねばいいのだろう。

私も、本当ならば死んでいる。今も薬を飲みながら、この本を書いている。薬は、寿命を延ばす薬だ。私は本当は死にたいと思っている男なのかも知れない。だが、妻や子供がいるから、責任上死なないだけだ。

弱い？　弱くはない。弱い奴は、妻や子供を残して自殺するのだ。責任感の強い男が、今の時代、どこにいるのか。イタチを見るくらいの確率でしか会えない。

正義などどこにも存在せず、表現の自由と人権擁護に私は屈した。職業上のことだ。

人間の皮をかぶった悪魔たちが、私に襲いかかる。魔女もいればドラキュラもいる。

私は書斎という箱の中から逃れられない。そのため必死に考える。すると、怜悧《れいり》な勧告が馴染《なじ》みのホテルから、恋人から、出版社からやってくる。

「シャンパンを飲みましょう」

「セックスをしましょう」

「お金をあげましょう」

私は決して泣かない。ボロボロなのに「大丈夫だ」と高らかに笑う。

快楽とは特権。

一〇年間、闘った者が手にする事ができる。

命を賭《と》して闘った者は私だ。一回の食事を抜くこともできない者と同じにしないでほしい。

おまえは人間のクズだ。加害者なのに、守られているおまえだ。

しかし、最高の快楽とは、このように人間のクズを見下すことではない。価値のない人間は視界に入れてはいけない。

あなたには、一番好きな場所があるはずだ。そこに、一番好きなモノと一番好きな女を持っていく。そして、笑う。笑顔は、社会に媚《こ》びたり社会に守られたりした笑顔ではいけない。

男は孤独に笑うんだ。それを見た女が泣いてくれる。

あなたは被害者なんだ。真剣に生きてきたのに、何も報われなかった世の中の被害者だ。しかし、泣いてはいけない。泣くと死ぬぞ。笑うんだ。

私と一緒に快楽の旅に出ないか。いつまで、狂った社会に奉仕をするのか。あなたの労力に狂喜しているのは人権擁護団体に守られた人間のクズだけなのだ。

私は、南の島に、石原さとみさんのような美女を連れて、一日中、音楽を聴きながら、セックスをする。一週間くらいなら今すぐにでもできるかもしれない。私の目的が達成されたのは、私が自殺しなかったから。

快楽主義とは、自殺をしないことなのだ。

成功は「笑い」とともにある

男女たちは疲れている。

思い描いていた人生になっていない。夢も達成できない。

毎日、小さな失敗を繰り返し、徐々に自分の首を絞めていく生活をしているばかりか、お金持ちになるチャンスは宝くじでしか見出せない。

成功は考えずに、親に教わった通り、有名企業に勤めて「安定」を手に入れたはずが、リストラの恐怖に怯《おび》え、税金や保険料に追われ、まともに遊ぶお金もない。

人間の一生の不幸と幸せを計算したら、不幸の方が圧倒的に多い事が分かる。誰が計算したのかって？　あなた自身が自分の人生を計算したら分かる事だ。

一日二四時間のうち、快適で思わず笑みがこぼれるのは数時間。真夏であれば、猛暑で苦しみ、数十分しか笑っていないかも知れないし、真冬であれば、暖房が弱いだけで風邪をひいてしまうこともある。快適も快楽も今のこの国では稀少になってきた。

しかし、バブル期には人々は傲慢《ごうまん》だった。

自然を冒瀆《ぼうとく》するような贅沢をしていて、何ごとも起こらないと余裕綽々《しゃくしゃく》で、顔は歪《ゆが》んでいた。真夏に冷房をフル回転させて、冬用の布団をかぶり喜色満面で眠っていた人たちは、今、定年退職をしている高齢者たち。

その頃に少年だったのが私の世代だ。バブル崩壊後、さらに東日本大震災もあり、日本は発狂寸前に疲れていて、若者たちはネット上で韓国に宣戦布告をしている。韓国大統領の手口は、敵国を不愉快にさせて利益を得ることだが、それは国が活力を持つための常套《じょうとう》手段。ところが日本はそれが苦手で、堕《お》ちていく一方だ。

君たちが大嫌いな中国、韓国は、「隣国を不快にさせて力を得る」という快楽主義を頻繁に使い、高らかに笑って我々を苦しめている。

そう。**私が提唱する快楽主義とは他者を不愉快にさせるものだ。**

しかし、あなたが快楽主義になったところで、韓国軍が押し寄せてくるわけではない。せいぜい、飲み屋で知り合ったモラリストの女が怒るくらいである。

あなたは、「成功しない」「夢も掴《つか》めない」「お金もない」。その上、周囲にも気を遣っている。

それではいけない。死んでしまう。

すぐに一流の嫌われ方の研究をしなさい。

一〇年後の夢も悪くないが、オリンピック選手がメダルを取るのが二〇代のように、三〇歳を過ぎた男に夢を語ってもらいたくない。そんな事よりも現実である。

あなたは自己嫌悪に陥ることだけを避けながら、楽しく生活していかなければ国に殺されてしまう。

高らかな笑いは自殺を防ぐ

あなたの成功は、あなたが笑う事なのだ。

夢を追って、一人の部屋で泣いていることは、何かが間違っているのだ。失敗しているんだ。

その生活は、成功者に習っても、改善はしないかも知れない。

成功者の多くには、辛い時期に助けてくれる「女」「親」「仲間」がいた。

先日もある成功者の本を読んでいたら、「無職になった時に、起業するお金を親に借りて……」というくだりがあって失望した。私もそうだ。偉そうに自力で成功したと言っているが、ずっと女が傍にいた。

成功者など、ほとんどがそうだ。

つまり、一人では成功も容易ではないということだ。

私の心配は、「あなたが自殺しないだろうか」。それに尽きる。

東日本大震災後、強い強いと絶賛されていた女たちが自殺するようになった。日本は紛れもなく歯止めが効かない自殺大国である。

私は著作で、一〇年前から「自殺しないように」と言ってきた。少年時代に病気で自殺を考えたことがある私が、今、楽しく生きている。生きていれば楽しいことがある。その楽しいことは、快楽を模索することなのだ。

二四時間楽しいのではない。数時間、いや一時間くらいかも知れない。私も、今日笑ったのは数回にすぎない。

趣味がなんの効果もないことは、趣味が大好きな日本人がどんどん自殺をしていることで判明している。趣味と快楽は違う。趣味は笑いを頑張って作る行動。

快楽とは、「思わず」笑うことなのだ。

辛い時に、思わず笑って「自殺」を回避する快楽を探してほしい。

私はなぜ、こんな本を書くのか

――多くの男を自殺から救った風俗嬢よ。君は多くの男の体液で汚れたが、男に裸体を見せる瞬間は美しいのである。

普段の私は、紳士的に歩き、無口で、ただ、良い食べ物や高価な物にだけは興味があり、美人が好きだが、強欲な女は嫌いで、保守を気取っていて靖国神社にも参拝し、保守派の政治家は応援するが、お金にいい加減なこの国が嫌いな男だ。

私の唯一の自慢は、中卒から成り上がったことである。

他に自慢するほどのものはない。

しかし、その一点で、私はひどく嫌われている。

私の本は、私が死んだ後、「正しい」と言われるだろう。「正しかった」と、ある種の人間たちから後悔されるかも知れない。もし、私の本が「正しかった」と言われなければ、この国は終焉《しゅうえん》を迎えている。

私の文章の基礎は、『セックス』と『恋愛』だが、子供を産む女は国の発展に関わってくるから、そこから私の言葉は枝分かれしていき、政治の話やビジネスの話にも言及できる。しかし、あくまでも私の専門は、皆さんが軽蔑しているセックスと軽視している恋愛なので、ビジネスを偉そうには語らない。

私が無学で書いた事は無学ゆえに、多くの人たちから軽蔑《けいべつ》されているが、出版社から献本された著名な成功者の本をある日読んだら、私と同じ思想だった。すなわち、**成功者のお金に関する考え方やビジネスに対する姿勢は、無学だろうが高学歴だろう**

が、同じようなものなのである。

「貧乏な人はお金と健康が無関係だと考える」と私が言ったら、私は庶民な女たちから攻撃を受ける。「お金じゃなくて愛なんだ」と。

しかし、著名な成功者の本には、「お金持ちはお金で命が救えると考え、貧乏人はそれを考えない」と断言している。

私は滅多に、成功者の本を読まない男だが、それは成功者が快楽主義を否定するからである。成功を道徳化している成功者の本は多い。

人気を得たいのか、本当に善人が成功するのかは私は知らない。成功者が、「人一倍努力する」というのは信じ難いが、成功者たちは「努力」を促す。ならば、肉体労働者が昼夜を問わずに働けば成功するのだろうか。

『努力とは複雑だ』

私はSNSでの成功の仕方などを書くことはできない。もっと抽象的、哲学的な書き方で、あなたを導くことしかできない。

あなたは成功したいと思っている。私の本には、「努力は苦手な部分に費やす」と書かれている。しかし、勘違いしてはいけない。**才能がないものがいくら努力しても成功などしない。**

では、才能がなければどうすればいいのか。

私はそれを教えたいから、本を書いているのである。

「無学で、天才とも言われずに成功した私と一緒に、君も成功しよう。私はその具体的な方法は知らないが、私自身を語れる。それを参考にしてほしい」

と言っている本を書き続けているのだ。時には吐きながら、自分の恥を書いている。

親は私の本を近所に配ろうとしない。「中卒」「セックス」「お金」ばかりでは恥ずかしいのだろう。しかし、私はそれを断腸の思いで書いているから、親が私の本を自慢しないのは、哀しいとしか言えない。

私の成功はちょっと本がベストセラーになった程度のものだから、「成功じゃない」と揶揄《やゆ》されても反論できないが、累計二〇〇万部以上が日本では成功だと仮定して、ここまで来るには、女性が重要な役割を果たしていた。

自力で成功したと書いているが、本が売れたことは自力（出版社のおかげでもある）だが、健康の管理、セックスでのストレス発散などは女に頼るしかなかった。すなわち、私がビジネスと無縁の女とのセックスの話を書いていても、それは繋がっているのだ。

あなたはストレスの恐怖も知らないかも知れない。

ある日、あなたは仕事のストレスで自殺しようと考えた。その時に、若くて美しい女が、「今からここで私が放尿をするから見てください。そしてバカなことを言って笑ってください」と言ったとしよう。あなたはそれでも自殺をしますか。

だから、才能がない男が成功できるような閃《ひらめ》きや仕事を続ける根性が湧き出てくるのは、女性の力だと考えられるのである。

私は、多くの男たちから嫌われている。何を書いても、「自慢話」と激怒される。

私は大衆を信じない。

組織、団体を嫌っている。

私は個人と仲良くなりたい。

愚民を本で動かすことなど不可能に近い。だから、私は私の本を手に取った一人、一人と話をするために、私の話を書いているのである。

その目的は何か。

女性に向けた本ならば、女からの人気を集め、セックスをするという明白な目的が窺《うかが》える。男の作家は女とセックスをしたいから恋愛本を書くのである。

しかし、本書は何のために書いているのか。

あなたの成功のために、書いているのである。なぜ、そんなにお節介なのか。

あなたと私は同じ男、同胞なのだ。

男と男は同胞。私の古い著書にも書いてある。

【著者プロフィール】

里中李生（さとなか・りしょう）

本名・市場充。1965年三重県出身。

20歳の頃に上京し、30歳でフリーライターから、作家活動を始める。自己啓発、ビジネス書、恋愛エッセイ、哲学まで幅広くこなす。人間の本質を突いた、時代に流されない「強い男性論」「優しい女性論」を一貫して書き続け、著作の累計は250万部を突破している。

代表作に『一流の男、二流の男』『できる男は「この言い訳」をしない』『男は一生、好きなことをやれ！』（以上、三笠書房）、『耐える技術』（きこ書房）、『どん底から這い上がる技術』（SBクリエイティブ）、『男はお金が9割』（総合法令出版）、『「孤独」が男を変える』（フォレスト出版）、『"器の大きな人"だけが持っている3つの余裕』（KADOKAWA）、『男と女は打算が9割』（あさ出版）などがある。

本作品は2012年に刊行された『時代に迎合しない男の極意』（弊社刊）を改題・再編集いたしました。

嫌われる男こそ一流

2015年5月19日　　初版発行

著　者　里中李生
発行者　太田　宏
発行所　フォレスト出版株式会社
〒162-0824 東京都新宿区揚場町2-18　白宝ビル5F
電話　03-5229-5750（営業）
　　　03-5229-5757（編集）
URL　http://www.forestpub.co.jp

印刷・製本　中央精版印刷株式会社

ISBN978-4-89451-958-9　Printed in Japan